赢得人生的实用口才

林开平 ◎ 编著

北京日报出版社

图书在版编目(CIP)数据

赢得人生的实用口才 / 林开平编著 . -- 北京：北京日报出版社, 2025.1
ISBN 978-7-5477-4863-3

Ⅰ.①赢… Ⅱ.①林… Ⅲ.①口才学 Ⅳ.① H019

中国国家版本馆 CIP 数据核字 (2024) 第 028427 号

赢得人生的实用口才

出版发行：北京日报出版社
地　　址：北京市东城区东单三条8-16号东方广场东配楼四层
邮　　编：100005
电　　话：发行部：（010）65255876
　　　　　总编室：（010）65252135
印　　刷：三河市华东印刷有限公司
经　　销：各地新华书店
版　　次：2025年1月第1版
　　　　　2025年1月第1次印刷
开　　本：880毫米×1230毫米　1/32
印　　张：6.75
字　　数：138千字
定　　价：58.00元

版权所有，侵权必究，未经许可，不得转载

目 录

第一篇
谈判口才

商务谈判，如何让对方为我而"动" / 002

巧投石，多问路 / 008

谈判时，一定要有底气 / 014

诉求条件悬殊，谈判如何开局 / 019

与"强者"谈判，别灭了自己威风 / 025

挂出"诱饵"，钓得"大鱼" / 030

巧用利益转换法，促使谈判成功 / 036

索赔谈判有技巧 / 042

商务谈判，拒绝也要有技巧 / 047

谈判中常遇到的诡辩及其破解 / 053

第二篇
销售口才

抓住客户心理，从"心"做销售 / 060

巧用映衬法，推销见奇效 / 066

意识引导，唤起客户需求 / 072

学会让顾客心甘情愿地消费 / 078

卖鱼钩也能卖出轿车 / 084

巧妙转移，化解客户的压价难题 / 090

推销吃到闭门羹，怎么办 / 096

顾客嫌贵，帮他看清潜在价值 / 101

客户出价过低，如何出言化解 / 105

面对客户的拒绝，你怎么说 / 110

目 录

可别被客户牵着鼻子走 / 116

怎样化解客户的负面情绪 / 121

让顾客说出他的顾虑 / 126

如何维系客户的忠诚度 / 130

正确处理好客户的投诉 / 136

第三篇
论辩口才

论辩之道，善"借"为上 / 142

顺水推舟，以喻制喻 / 146

定向发挥，诱驴甩尾 / 149

同构意悖，借力打力 / 154

言之有据，言之成理 / 160

去伪存真，以理服人 / 163

层层剥笋，把理说透 / 167

揭露本质，正本清源 / 171

一语双关，出奇制胜 / 175

拨乱反正，以正视听 / 180

抓漏点穴，其义自见 / 184

仿拟反驳，有理有趣 / 188

归谬反证，克敌制胜 / 192

谬上加谬，以谬制谬 / 196

事理揭悖，击退辩敌 / 199

第一篇

谈判口才

商务谈判，如何让对方为我而"动"

商务谈判中，我们常通过"望闻问切"去寻找合作伙伴。但这种方式往往会让对方处于被动状态，不易达成合作目的。而如果我们能很好地调动对方的积极性，靠口才先使对方按我方意愿"动"起来、为我而"动"，最终更能轻松赢得谈判。

一、对方只认金钱，用"激将法"说"动"对方

19世纪为抵抗敌军入侵，前方数十万将士急需一大批棉布做被服和军帐，胡老板受命代办。胡老板把南方两家织布局的老板聚到汉口，报出购价，比市场价低了一成，两位老板都"蔫"了。胡老板说："我大清国军队在新疆作战，急需后方布匹支持。大家都是'洋务运动'的实践者，现在国家算是用到你们了。朝廷拨的银

子就这么多，但布匹不能少买。大家为平外患而让利于军，无上光荣。我相信，你们不仅有实力，更有社会责任感，绝不会趁火打劫、发战争财。"两位老板再也坐不住，一个首先表态："这桩生意我们上海织布局做了，别说尚有蝇头小利，就是赔本赚吆喝，我们也干。"另一个说："别给他们一家，我们湖北织布局也不是吃干饭的。"两人争先恐后，胡老板顺水推舟，成了大事。

谈判时胡老板出价比市场价低，两个老板都不想做。胡氏便使出了"激将法"，说他们是"为平外患而让利于军，无上光荣"。一下便把对方的"社会责任感"激出来了，谈判大获成功。商务谈判，如果对方只认金钱，对生意兴趣不高，你可从金钱之外找点子，给对方向上的激励，待对方"动"起来，你便可轻松获胜。

二、对方心存幻想，用"竞争法"说"动"对方

20世纪50年代，包老板的"金安号"打算长期出租。日本船舶公司的村野先生前来承租，村野说："您说长期出租，租金可以低一些。年租金12万美元太高了，降到8万美元以下吧。"包老板说："不可能，这个吨位的

轮船，短期租金是多少您比我清楚，长期租金确实会低一点，但每个月1万美元，对你们已经很划算了。"村野说："可您要是一口咬定12万美元一分不减，总部不答应，我做不了主。"包老板说："那我们就别谈了。派一个做不了主的人和我谈生意，你们公司耍人啊？"村野刚要解释什么，包老板又说："台湾高雄的'中山海运'明天也来看船，说不定他们能看上呢。"村野急了："别呀，我可没说退出啊，'中山海运'插什么杠子。"之后，谈判反倒异常顺利，包老板稍做让步，双方就签了10年的合约。

包老板想以年租金12万美元出租"金安号"，村野声称年租金必须在8万美元以下。谈判僵持不下，包老板用"中山海运"将对方一军，给对方造成"竞争危机"，让对方紧张起来，把对方说"动"了。洽谈生意时，本来对方有利可图，但心存幻想，仍紧逼不舍，你不妨用"竞争法"说"动"对方，逼他就范。对方"吃你一将"，有了危机感，才会听你摆布。

三、对方表现消极，用"推延法"说"动"对方

华庄绿源是一家千亩蔬菜种植园，今年春天正值忙

季，两名技术员向园长要求加薪800元，否则就走人。园长考虑到他俩是种植园的技术尖子，应该加薪，便对他们说："我同意加800元，但不是现在，我想在时间上推延一下。去年产多少菜，我们有记录吧？""有。""那好，不增加成本，也不管菜种出来赚不赚钱，年终算账，只要产量比去年增加5%，我年终的时候，就把一年里每月多加的800元，一分不少地补给你们。但我丑话说在先，要是达不到这个标准，就不涨，怎么样？"两名技术员乐了，一个说："'5%'没问题，到时候我们就等着点票子了。年终奖不会扣掉吧？"园长说："两码事，年终奖照发。"很快，双方就愉快地签订了书面协议。

技术员提出加薪，不加就走人，表现很消极。但园长一方并没立即同意，而是推延了加薪的时间；这样一来，对方就会主动付出努力。而技术员一方觉得"5%"并不高，加薪只是早晚的事。所以，双方便谈到一块去了。"推延法"是指当谈判方表现消极时，不立马答应对方的要求，而是"策略性"地延迟谈判时间，在延迟时间内，又为对方附加"诱惑性极强"的条件，从而让对方主动表现出积极的一面，最终实现谈判的双赢。

四、对方固执己见,用"尝试法"说"动"对方

刘老板找到联合养殖场的韩总,推销饲料:"您的养殖场生猪存栏有一万多头,规模好大呀!要是用我们的饲料……"没等刘老板说完,韩总就把话抢过去了:"我们用的是自配饲料,华北农大教授的配方。"刘老板了解了对方自配饲料的成本后说:"我们的饲料比你们的自配饲料每千克成本低3分钱,日积月累,这可不是小数目啊。如果您有兴趣的话,我们可以合作。"韩总说:"合作?我可不敢拿一万多头猪开玩笑。"刘老板说:"这样吧,您拿出100头猪,我免费提供饲料,和您的自配饲料对比,一拨猪下来,如果饲料效果差了,我分文不取,立马走人。怎么样?"韩总觉得这话实在,第二天就开始了这项实验。还没等一拨猪出栏,饲料的"魔力"就显现出来了,两家便签了合同。

韩总不愿放弃自配饲料,刘老板免费提供饲料,让韩总做对比实验,从而博得了对方的认可。谈判中,对方固执己见,看不上你的产品,便可运用"尝试法"去说"动"对方,即调动对方的积极性,进行"对比实验",待其尝到甜头,你再想不让他

"吃"都不行了。

商务谈判中,上述方法都能让对方为我而"动",获得更多的实际利益,大家不妨多试试。

巧投石，多问路

商务谈判中，掌握对方信息越多，讲话就越主动。如果对对方的情况不甚了然，甚至被人家蒙在鼓里不知所以，则很难在谈判中取得优势、赢得利益。商场如战场，谈判如临敌。谈判桌上，"巧投石，多问路"，方能抓住迫使对方妥协的机会，取得谈判的胜利。

投"打探"之石，了解情况

某畅销书作家不想再写续集，但是他的小说给版权代理商带来了丰厚的利润。如果突然搁笔，是一个不小的损失。于是，为救活这桩生意，代理商便问作家："是我们的合作让您不愉快了吗？"作家说："不是。""那就是您得到的版税太少？我们可以商量，给您加版税。"

作家说:"您多虑了,版税多少对我来说并不重要。"代理商追问他到底为什么搁笔,作家便说他厌倦了这种通俗文学的写作,只想放松身心。了解到这一情况后,代理商便说,全球1200万读者对他的作品正翘首以盼,他必须继续执笔。他让作家放慢写作速度,半年的工作一年完成,这样就轻松多了。再给他版税翻番,保证收入。就这样,代理商便和作家续签了版权代理合同。

作家搁笔,代理商不知何故,便投石打探缘由,问是合作不愉快,还是版税少了。了解到作家搁笔的真正原因,代理商便首先妥协,以让他放慢写作速度、版税翻番为条件,与其达成一致。商务谈判遭遇对方说"不",投"打探"之石,多多了解对方,掌握对方的相关情况,谈起来方能应对自如。

投"质疑"之石,乘势而攻

得知一家精品店要转让,李正淳便赶来洽谈。卖家具体介绍了店内的基本状况和装修情况,为之后的讨价做好了铺垫。李正淳则持否定意见,他说:"店面装修的确有特色、有个性,但这种装修对我们没有价值,我们更不需要知道您过去的装修成本。我们的店主要是搞街舞之类的时尚商品，需要重新装修的。"卖家立即做出反应说："跳街舞最重要的就是服饰，你们接手以后可以直接做。"李正淳又说："这里位置太偏了，在整条街的尾巴上，而且是个拐角，怎么会有客流？"卖家说："后面的金巴黎10月份完工。这里将来会成为商业中心，不用担心客流。""将来？将来的事谁知道？将来再好也是空的，我们不可能坐着等'画饼'吃。如果要萎靡一段时间才景气，我们宁愿选择好一点的位置。"买家摆明态度，双方在认定铺面价值上陷入僵局。李正淳问这个店打算多少钱才转让，卖家本想狠敲一把，见对方不断质疑，就没敢多要，结果双方签订了转让协议。

在转让谈判中，卖主夸耀他的店装修如何好，将来一定发达。李正淳便竭力质疑他的店装修风格对"我们"不适用，再有就是位置太偏，又是拐角等，一下便把"店主讲的好"全部否掉了，致使店主再没漫天要价的底气。商务谈判，向对方投"质疑"之石，对对方的观点进行大胆否定，可摸清对方，还可有效挫伤对方的锐气，为赢得最大利益铺平道路。

投"寻隙"之石，敲山震虎

北方某皮毛公司是香港一家皮革商行的定点供货商。毛皮价格随行就市，每一笔交易都即时敲定。近一段时间北方皮毛给港方备好了现货，可对方对交易好像没了热情。国际毛皮市场价格一直走跌，港商怕这批货没赚头，便一再拖延时间。对北方皮毛来说，交货时间越是靠后，收益会越低，甚至亏本。黄总被拖得寝食难安，带人找到对方设在哈尔滨的办事处，开门见山地询问："一个月之前，我们就把这批货备齐了，你们是不是不打算要了？可我们没接到你们的通知啊？"对方说："通知什么？我们没有约定必须要你们的货啊。"黄总轻松一笑说："啊，那倒是。有您这句话我就放心了。'英国皮业'驻俄远东分理处的哈默先生来过，他说这批毛皮他们要了。我们没答应，说这是给你们准备的。这下好了，给他们算了。"港商这下没底了："黄总，别！我和总部联系一下，如果我们把这批货吃掉，就不用劳驾哈默先生了。好吗？"港商怕"英国皮业"抢走生意伙伴，再不敢拖下去了。

北方皮毛公司急于将手中的皮货卖掉，香港皮革商行却拖着等价格探底,黄总急得找上门来,却被对方一句"没有约定必须要你们的货"差点儿噎死。黄总趁机搬出"英国皮业"来,投石震虎,令对方的傲气一扫而光。商务谈判,对方为争取最大的利益,让你"愁不死吊不活"。为走出窘境,便可寻隙投石,敲山震虎。对方的软肋受到攻击,自然便妥协让步。

投"较真儿"之石,设卡堵路

一家公司承包了云南某发电厂6号机组脱硫工程,新设备运行之后,其脱硫指标仅在80%左右,远未达到合同要求的90%。领导派林工与这家承包商的代表卡特里布交涉,卡特里布从烟囱里采了多个样本化验,第二天结果就出来了:"这部设备压根儿就不存在缺陷。脱硫率是91.2%,超出合同规定,怎么不合格?"为弄明白个中原因,林工开始较真儿起来:"不对,您这只是瞬时脱硫率。脱硫率达标与否,要看平均值,这一点您不会不知道吧?""当然知道啦。平均值不也是从瞬时值得来的吗?"林工紧追不舍:"那好,我们双方按合同约定的方法,共同监测10天,如果平均脱硫率达不到90%,你们必须按合同返工。""可以的。"卡特里布很自信:"我们当然不怕啦。"结果,双方仅测了3天,卡特里布感到平均值忽上忽下，继续测下去毫无意义。之后，便给上级请示如何为电厂返修设备，进行赔偿。

卡特里布用临时测得的脱硫率应付谈判，林工为验明实情，用"平均值"与之较真儿。最终，林工投出的这块"较真儿"之石，挡住了卡特里布的"去路"，仅测了3天就鸣金收兵，乖乖认输了。商务谈判中，备好"较真儿"之石，适时投给对方，揪出隐藏的实质问题，卡住对方的去路，让其逃不脱，只得就范。

夜间走路投石探测情况，方法简单实用。我们把它用于风云变幻的商务谈判，常常会收到四两拨千斤的奇效。"打探"之石，可让你及时了解情况；"质疑"之石，可为你蓄势助攻；"寻隙"之石，能帮你敲山震虎；"较真儿"之石，可助你设卡堵路。谈判桌上"巧投石，多问路"，你将赢遍天下。

谈判时,一定要有底气

李老板是某空调公司的控股董事局主席,身家已经超过七亿元。他并不仅仅是个老板,更是一个善于论辩的谈判高手。其中,改变他人生的一次谈判,无疑就是2002年与韩国的谈判。有媒体问他为什么会赢得那次的股东之争时,他不假思索地答道:"因为我说话有十足的底气!"听此,我们不禁要问:李老板又是哪来的十足底气呢?

认清自己的实力　说话更有底气

2002年,韩国某集团希望和中国的一家空调专业企业合作,成立合资公司,想以此进入商用空调市场。之前,韩国集团已经对中国空调行业做了整体摸底,看中了李老板的公司重视质量和稳健发展两点,所以很重视这次合作。

谈判的核心问题，就是双方的控制权。韩方代表上来就想用自己的品牌，来压迫李老板。"我们这个品牌值很多钱，自然要占大股。"韩方说得振振有词。

李老板却没有被震慑到，他坚定地说："合作应该建立在公平的基础上，谁出的钱多，谁就应该是大股东。"

韩方说："作为韩国的大企业，跟你们这样的小公司合作，当然要做最大的股东了。"

李老板说："我承认你们是大品牌，但那是在汽车制造领域。在空调制造业，我的产量比你大几十倍，质量、经验、市场，都是现代没办法比的，所以，我们的品牌应该更值钱。"

面对对手的对比，李老板没有自惭形秽，而是充分说明了自己品牌在市场中所占据的各种优势，以此表明双方谈判应该建立在公平的基础上。竞争大股东，不是依据公司的大小，而是要以资金的投入做评判标准。在商业谈判中，尤其是以小对大，以弱对强时，我们不要小看自己，而是应该认清自己的真实实力。只有最大限度上指出己方的优势，和对方说话时，才会有底气。否则，就会被对方的强势所压制，让自己处在极其不利之中。

认清对手的意图　说话更有底气

韩方听了李老板的说明后，依然是一脸不屑的表情，他说："中国的电器公司也不是就你们一家，我们选择了你们，其实是给了你们一个机会，你们应该感激我们愿意和你们合作才对。所以，股东当然是我们做大你们做小了。"

李老板笑了笑说："是的，你们在中国肯定可以找到别的公司和你们合作，但是像我们这样有基础硬件的有几家呢？你们既然会来找我，就说明你们对我们公司未来的发展潜力是了解的，你们一定明白，我们是不是你们最适合的合作公司。而且，你们来中国寻求合作，无非就是希望可以借此推广你们的品牌，同时靠品牌赚取更多的财富，怎么说是帮我们呢？应该说，大家合作开拓更大的市场，赚更多的钱。"

韩方不管怎么说还是要求做大股东。

李老板也斩钉截铁地指出："无论你们出多少钱入股，我都会出更多，我就是要成为大股东。"

所谓"知己知彼，百战百胜"，在认清自己的同时，也必须认清对手。李老板之所以没有害怕韩国公司会与别的公司合作，而不和自己合作，就是因为他了解韩方的计划和谋略，知道他们也了解自己，所以，他指出大家的目的都是赚钱。在针尖对麦芒的较量中，如果不能了解对方的意图，就会不知所以。只有真正认清对方的意图，才会化被动为主动。

认清未来的形势　说话更有底气

见李老板态度如此决绝，韩方愣住了。而李老板在表明了誓当大股东的态度后，进一步给韩方施压，提出了一个特别思路："合资公司应确保小股东的利益，无论公司盈亏，小股东应该旱涝保收，而大股东则要承担更多义务，赚了要按比例分红，亏了则要独自负担。"

韩方一听，根本不能接受，说："双方合作，哪有这样的道理？"

李老板却笑着说："合作嘛，就是双方谈来谈去。别人的道理是别人的，我们的合作，只要我们双方愿意，就行。"接着，他拍了拍自己的胸脯说："你们敢签这样的协议吗？我告诉你们，我就敢签，我做大股东，保证现代的利益，亏本算我的。"

此言一出，让韩方代表更是惊呆不已。他们没想到，李老板会做这样的承诺。

最终，双方达成协议，韩方出品牌——在华商标使用权、出关系资源，占合资公司 40% 的股份。不久，合资公司就推出了空调，并从此成就了一家运转良好的空调制造企业。

在谈判中，如果不能认清形势的话，绝对无法取得最理想的成功。李老板敢提出这个看似苛刻的做大股东的条件，当然是有把握的，因为他当时已经在中国空调市场打拼了好几年，把握企业盈亏的能力还是有的。而韩国人就因为无法认清形势，不敢贸然同意那样苛刻的条件。大股东之争，李老板能完胜现代，也就是一种必然了。由此可见，想在谈判中克制对手，就一定要对谈判后的发展趋势有所了解，对未来的利益必须拿捏得准确。

通过李老板打赢韩方代表的谈判中，我们可以看到：在谈判中，只有认清自己的实力，认清对方的意图，认清未来的形势，我们才能把谈判的主动权掌握在自己的手里，才能更好地赢得谈判的最大利益。

诉求条件悬殊，谈判如何开局

诉求条件是己方需要通过谈判实现的商业条件，可是谈判中"一拍即合"的毕竟是少数，通常由于双方立场不同，所开出的诉求条件总会存在差异。当这种差异是非常悬殊的时候，就给谈判双方出了难题：放弃原则承认这些差距，己方吃亏；如果强硬坚持自己诉求可能使谈判陷入僵局。这种时候为了谈判制胜，不妨在开局处做一些文章。

广东某厂厂长率团与美国一公司就引进先进的生产线一事进行谈判。中方希望部分引进，价格也便宜些；美方坚持全部引进，拒绝中方要求。中方代表心急如焚，但开局之初并没有直接提要求："您好，全世界都知道，贵公司的技术是一流的，产品也是第一流的。如果贵公司能帮助我们广东厂跃居全中国的第一流，那么我们厂的人都会感激你们。贵公司也知道，现在意大利、荷兰等几个国家的代表团正在同我国北方某省的厂子谈引进生产线的事。如果我们的谈判因为一点儿小事而失败，那么不但我们广东厂，而且贵公司也将蒙受损失。这损失不仅是生意，更重要的是声誉。目前，我们的确因为资金困难，不能全部引进，这点务必请美国同行们理解和原谅，并且希望你们能伸出友谊之手，为我们将来的合作奠定良好基础。"这话说到了对方的心坎上。

中方避开正面讨价还价的尴尬，从全局观念出发，先肯定美国公司在业界的地位，又分析当前所处的形势。把美方关注点，从中美引进标准一城一地的得失，转移到美国公司和其他国在中国所占份额比重这个问题上，从这个角度出发，双方的利益就有同一性。真正打动美方的当然不是中方的部分引进，而是增加中国市场份额。

我国某玻璃厂要从日本企业引进新设备，但日方一开始的报价就高出中方掌握的外汇底盘200多万美元，而且态度强硬，这样根本没法谈。中方坐在谈判桌上："我为专务先生（日方主谈人）的友好讲话感到高兴，专务先生说我们是真诚合作的朋友，我也赞同。是朋友就要遵循平等互利的原则，不能一方占大便宜，另一方吃大亏，这不是朋友所为，我想专务先生不会对我的话有异议吧！"日本主谈人说："说得好。"中方接着说："关于设备，我们专程考察了美国同类产品，它们质量、性能也都很好，但报价比贵公司低得多，我们已经与美方代表接触，不过，如果贵公司的价格合理，我们也会首先考虑友好邻邦的。"此番分寸得当的话，令日方最终考虑降价。

中方为了开局压制日方士气，一语道出美国企业也有意合作，意在中方看来日本并不是唯一合作对象。这样就迫使日本有一种危机感，中方妙在点出这份压力而不失感情，分寸拿捏非常好。达到敲山震虎的作用，而又点出邻邦关系优先考虑，双方谈判容易以平等身份交流。

某化纤工业公司因从德国引进的反应器有故障，向德方索赔，索赔金额1100万马克，而德方出价只有300万马克，显然数字相去甚远。中方说："国际上的人不是都奇怪日本人对华投资为什么都比较容易吗？其实最重要的原因是日本人了解中国人的心理，知道中国人最重感情重友谊。你我是打过很多年交道的老朋友了，除了彼此经济上的利益外，就没有一点个人间的感情吗？问题出在贵公司的产品上，那么贵公司就应该以足够的诚意来解决问题。"对方经理说："我们在贵国中标总价值才1亿美元，我们无法赔偿过多，不能赔本啊。"中方继续说："据我所知，正是由于贵公司在世界上最大的化纤基地中标，才得以连续在世界上其他地方15次中标，这笔账怎么算呢？我们是老朋友了，打开天窗说亮话，你们究竟能赔多少？你也为我想想，中国并不富裕，我总得对这里一万多个建设者有个交代……"最后德方同意赔偿中方800万马克。

感情攻势是谈判场上的轻骑兵，在沟通僵局之时往往能柔化气氛，而中方代表无疑是运用感情攻势的高手。双方差距看似无法沟通，中方则打出"友情牌"，把感情加工成谈判的砝码。然后又从中方是世界上最大化纤基地的价值说开，把对方看作"老朋友"，使冷冰冰的谈判多了一些温情，这样开局，德方还好意思板起面孔谈判吗？

安徽一家校办企业，希望得到美国一投资公司的投资，可是投资金额与中方期待相差太多。厂长觉得美方不了解他们，在谈判时他开诚布公说："我只想讲四个问题，其中三个是我可以不和你们合作的原因。"美方人一脸惊讶，他接着说："第一，和你们谈判的人，都想得到更多资金，我们不这么想，我们每年交税300万元，自己能养活自己。第二，别人要优惠政策，我们不这么想，我们是校办企业，可以享受国家的很多优惠政策。第三，别人还会想要你们的技术，我们也不用，我们生产大学研发的热水器，目前产品质量和市场都很好。"美方瞪眼睛看着厂长，厂长顿了一下，"如果不合作，我和你们谈什么？说实话，我们的热水器技术非常过硬，完全可以开发成卫生间洗浴系列，比市场现有品种更方便、节能。如果我们能合作开发这种新品，我们的利润都是非常可观。当然，合作要建立在互利互惠基础上。"听到这里，美方代表连说："OK，OK。"

希望与美方合作的公司不止中方一家，投资金额又存在较大差距，如果不能最快时间让美方对中方建立合作欲望可能就与投资失之交臂。厂长逆向入手，先陈述了几点自己不需要合作的理由，这可能是所有有合作意愿的人都不会这么说。美方惊奇之余，被吊起胃口想看看中方意向到底是什么，厂长巧妙引导的目的就实现了。而且前面陈述，也表明中方实力，可谓一举两得。

谈判双方诉求条件差距大的情况时有发生，否则谈判也就失去了它的价值。但我们可以运用智慧的语言巧妙地把差距弥合，双方以和谐的状态继续谈判，请相信，这种情况下良好开局就胜利了一半，只要技巧得当，一定可以为己方赢得空间。

与"强者"谈判,别灭了自己威风

共赢公司经过谈判,和一家制药厂达成初步合作意向。签订合同的前两天,共赢公司的苏楠对医药公司的高层说:"贵厂能和我们公司合作,让我们倍感荣幸。贵厂的几种药全国驰名,谁代理贵厂的药就是等于挖到金矿了。我都不敢相信贵公司会选择我们,毕竟我们刚成立三年,业绩在业内不算出色,也有很多不足。希望两位以后多指点、多帮助,感谢你们的信任……"第二天,制药厂的谈判代表给共赢公司回话,说要再考虑。最终,没有合作成功。知情人透露,苏楠那番话让药厂的高层动摇了,对共赢公司的实力持怀疑态度。

苏楠恭维药厂并没错,但不应该谦虚过头,甚至妄自菲薄,过多地说自家公司的不足。这使药厂的高层对共赢公司的实力产生了怀疑。苏楠灭自己威风的话,灭的是对方的信心。药厂怎么甘心和一个实力不济的公司合作呢。商务谈判中,我们也常会犯这样的错:恭维别人的时候,说一些灭自己威风的话,然而这种低调过分的话,最后往往得不偿失。所以说,与强者谈判,决不能灭了自己的威风,要让对方相信你的实力,才会对你有信心。

> 某汽修学校想请某明星做代言,而在此之前,这位明星代言的都是名牌产品,从没有为汽修学校这样的企业代言。汽修公关部的李经理对这位明星说:"您在娱乐圈里的地位是无人可比的。这也是我们请您代言的原因,我们立志要做中国最大最好的汽修学校,自然要请一位与此目标相匹配的代言人。而这个人,除了您还能是谁呢!另外,您一向热衷于慈善事业,我们学校这些年也为公益捐款近千万元。每年都为不少家庭困难的学生减免学费,让他们有一技之长,改变命运。"这位明星听后,表态道:"我乐意为这样的企业代言。"

谈判中,当一些人有求于"强者"时,是赔尽笑脸,说尽好话,甚至是低三下四,百般讨好,卑躬屈膝,大长别人志气,大灭自家威风,结果是让人看不起,给别人留下不好的印象。而李经理则不然,他在谈话中先是对该明星大加肯定,然后话锋一转，将自己学校的追求和对方在娱乐圈的地位联系起来，将学校有社会责任感和对方热衷公益联系起来，在赞美对方的同时，也是在赞美自己的学校；在长别人志气的同时，也长了自家的威风。该明星看到了校方的诚意，也看到了校方的希望和信心，从而对他们产生好感，最终，答应了做代言人。

某足球明星加入了一家名不见经传的足球俱乐部。这让足坛感到惊讶，因为此前欧洲几家大牌俱乐部都想邀他加盟都不曾如愿。难道仅仅是因为这家公司给的待遇高吗？其实并不是。在和球星商谈时，俱乐部的总经理真诚地说："我知道你很想去欧洲踢球，那是世界足球的中心。你这么年轻，极富足球天赋和才华，前途不可限量。同欧洲相比，我们的足球水平低，但这几年进步很快。我们俱乐部立志打造百年老店，和欧洲多家大俱乐部都有合作。世界名帅也是看到我们的雄心，才来做主教练的。在世界名帅手下踢球，相信你也会受益匪浅。"经过劝说，球星最终同意加盟。

面对各大俱乐部争抢的足球明星，总经理肯定他的才华，给予极高的评价。但同时，他也没有因此而灭自己的威风。因为他说到自己的俱乐部时，强调俱乐部不但有雄心壮志，还与大牌俱

赢得人生的实用口才

乐部合作,还有世界名帅加盟。这些,怎不让球星动心?在谈判中,迎合和恭维对方是可以理解的,但这并不意味着一定要灭自己威风。要知道,与其唯唯诺诺地求人,不如表明一下自己的雄心壮志,即使是再强势的一方,看清事实后也会有所触动的。

2013年年初,湖南卫视引进韩国MBC电视台的节目《我是歌手》,节目组准备邀请台湾某著名歌手参加,可他却选择了拒绝。节目组负责邀请艺人的工作人员不甘心,于是不辞辛苦专程去拜访,劝说道:"我知道,对于您而言,早已名利双收,不用再通过这类节目撑门面了。但这是一档新引进的节目,这些已经确定要参加的人,名气都不小,实力也不差,而您作为歌坛巨星,我们非常希望您也能参加。如果有您这样具有重要影响力的艺人加入,一定会为我们的节目添彩。而且,您也知道,这档节目在韩国反响非常好,节目组机制相当完善。再加上湖南卫视在娱乐界的重要位置,一定能把它办好。"这名歌手听了这些,最终答应参加。

工作人员肯定了这名歌手在歌坛的地位,对他进行了赞美,但同时,他也没有贬低自己的节目,而是直言这个节目的权威性,表明参加这个节目不但不会让这名歌手丢了身份,还会赢得更多。这名歌手也正是看到了这个节目的优势,最终决定参加。在现实中,与强者谈判时,认可对方,固然可以满足对方的心理需求,但也不能因此而灭了自己威风。与其如此,不如展示自己的优势,让对方感觉到安全感,如此,即使本来身处劣势,也能谈判成功。

不管是生活中还是在商务谈判上,赞美别人都是一种美德,它给人以鼓励和信心。但是,这不应该建立在贬低自己的基础上。长他人志气,不灭自己的威风,是一种不卑不亢的态度,既不轻视他人,又不贬低自己。如果长他人志气,灭自己威风,那你何时能威风起来呢?

挂出"诱饵",钓得"大鱼"

商务谈判,双方之间的"引力"必须大于"斥力",这样才能坐到一块儿,才能谈得拢。有时候,为了加大己方的"引力",我们常常需要在谈判桌上设饵"垂钓",让对方"愿者上钩",这样,才能互利双赢。那么,我们谈判时,挂什么"诱饵",才容易钓到"大鱼"呢?

挂"小利"诱饵,钓贪赢之"鱼"

民国初年,洋布行的大掌柜陈东进了一船上海洋布,客商却都不买账:日本洋布卖得好好的,谁愿意卖上海洋布?此时,涿县商人邵长锁一看包装就对陈东说:"有日本布吗?上海的不要。"陈东说:"上海洋布怎么啦?都是一样的机器织造的。和日本布没什么两样。"邵长锁说:"说啥呢?可能吗?""比呀。"说着,陈东从两种布上各扯了一条,揉在一起递给邵长锁。邵长锁到底也没分清哪个是日本布,哪个是上海布。陈东说:"质量绝对一样。每两匹布再便宜你一块大洋,如何?"邵长锁顿时眼睛一亮:"两匹布便宜一块?二百四十匹就是一百二十块,两个大伙计一年的工钱啊。"最终,双方谈成了一船布的生意。

陈东向邵长锁大力推荐上海洋布,先是撕布条让邵长锁认可质量,之后又说每两匹布优惠一个大洋,邵长锁便"咬钩"了。商务谈判,让利是最让人心动的"撒手锏"。如果你有较宽裕的利润空间,等对方认准了你的产品质量之后,再不吝把"小利"这块"诱饵"挂出来,就可轻松以"区区小利"钓到贪赢的"大鱼"。

挂"紧俏"诱饵,钓急切之"鱼"

南洋客商阿林找李嘉诚采购塑料花,阿林的胃口特别大,李嘉诚的货一下就要吃掉一半多。一问价,阿林说:"李老板宰人啊?我要那么多,您也不便宜。"李嘉诚说:"对了,要得多还真的不行。您都拿走了,其他客户我怎么交代？总不能让他们喝西北风吧？本来这种货原材料就贵，我们的加工成本又高，生产不了那么多，答应给您一半就不错了，价钱还不能降。如果您同意，我们现在就可以办手续，不然，明天老客户来了，您再想要可没有了。"阿林一听这种货如此紧俏，便说："这样吧，价钱依着您，我不再讲了；数量依着我，您也不能驳。怎么样？"李嘉诚见谈判到了火候，就"勉强"同意，敲定了这笔买卖。

阿林找李嘉诚谈塑料花生意，需求量很大，这对李嘉诚是好事。针对阿林不认可要价，李嘉诚以货物紧缺为"诱饵"，只答应他一半的货，不要就没了，迫使对方放弃讲价，让自己钓到了"大鱼"。商务谈判中，当对方急于想成交但又想压价时，我们可以挂出"紧俏"诱饵，逼迫对方马上做出选择，达到稳操胜券的谈判效果。

挂"前景"诱饵，钓犹豫之"鱼"

外商哈默前来考察投资，乐坏了开发区的张主任。可是，哈默实地转了一圈，却感觉这里地段偏僻，招工困难，会导致以后的高用工成本。见哈默游移不定，张主任说:"您以为这个地方偏僻吗?现代交通,地球都成一个村了;而我们这里最不缺的就是人工了,怎么可能影响招工和用人成本呢?"哈默说:"也许我是多虑,但我确实是这样想的。"张主任说:"我市的职教中心和劳动职业技术学校,明年的毕业生不下4000人,大约还有200多在各地就读的大学生也可能会回乡就业。我们稍加引导,这些人都会到您的旗下报到。您接收得完吗?""刚开张,肯定容不下那么多人。""明年,我们这里还要开建地铁站和高铁站,两个车站南北呼应,将带火整个开发区,招人、留人都不是问题;再加上市政府的政策优惠做保障,您还怕什么呢?"至此,哈默便打消了疑虑,说:"好吧,那我们就试试。"

哈默对招工有顾虑,张主任以"前景"作诱饵:明年两校毕业"不下4000人",又有200多"大学生也可能会回乡就业",还会开通"地铁站和高铁站"等;最终,哈默不由得便上了钩,谈判达成了一致。商务谈判,如果打"现实牌",感觉赢人很困难,你便可挂"前景"诱饵,钓犹豫之"鱼"。对方青睐你提供的环境、摆出的前景,必然"咬钩"与你合作。

挂"特质"诱饵，钓挑剔之"鱼"

"军犬繁育中心"还有几只拉布拉多犬没人"聘用"。这时，海关官员阿利耶夫来中心参观，并有意购买几条警用犬。不过，这个人对警用犬特别挑剔。潘经理一听，便让驯犬师带几只拉布拉多犬做表演，让阿利耶夫出题测试。潘经理对阿利耶夫说："您看，这几只拉布拉多犬搜毒、搜爆能力超强，您设置的场景，不管是客人随身携带行李，还是大件托运行李，只要里面有危险品，哪怕是一点点，都逃不过它们的嗅觉。"阿利耶夫："嗯，是不错。"潘经理："这几条犬，不仅搜毒、搜爆能力非同一般，对任何诱惑都不动心。火腿肠、烤鸡翅、油炸大虾等都对它们没有诱惑。这是我们近三十年培育出来的最优秀的专业犬，能胜任任何毒爆品的侦察工作。"阿利耶夫："这话确实，我今天就决定带走四条。"

潘经理表演测试之后，便向阿利耶夫谈拉布拉多犬的"搜毒、搜爆能力"，就连阿利耶夫设置的情境都没逃过"它们的嗅觉"；之后又谈独特的"抗诱惑能力"，这是它们胜任工作的关键。阿利耶夫再没挑剔的理由了。商务谈判，即便对方再挑剔，只要你能展现出商品的高人一等之处,以"特质"为诱饵,对方的挑剔定会自动"格式化",非上钩与你合作不可。

总之,选准"诱饵"就能钓得"大鱼"。在谈判实践中,大家可根据"鱼"的情况,灵活运用以上四种"挂出诱饵,诱人上钩"的谈判技巧,取得最终的胜利。

巧用利益转换法,促使谈判成功

"从本质上说,任何谈判都是可以让双方实现自己的利益,只不过,有时候,由于谈判双方地位的不平等,或者利益诉求的不对等,造成了单赢的假象。而这种假象是谈判成功的最大障碍。"有"世界第一谈判专家"之称的罗杰·道森对谈判做过这样的评说。怎么驱除这个假象,跨越这个最大障碍呢?通过"利益转化法"让对方意识到他所获得的利益所在,不失为一种好方法。

条分缕析,指出隐性利益所在

一家超市为了方便顾客,想盖一个自行车棚。但超市前面没有空地,而隔壁的饭店前面有一片空地。超市的总经理去找饭店的老板商量,想租这片空地却被一口拒绝了。饭店老板说，不想为了一点租金影响自己的生意。超市的总经理并不气馁，他对饭店老板说："您租场地给我们，是利大于弊：第一，我们租用的地方小，不会挡您的门面；第二，您每天生意最忙的时候，正是我们生意最冷清的时候，所以不会因为存车的人多对您的生意造成影响；第三，车棚盖好了，来您这就餐的客人也可以使用；第四，存车的顾客可能顺便来您这儿吃饭，即使不来，她存车取车都能看到您的饭店，这无疑是为您做了免费广告。"饭店老板一听，便爽快答应了。

最初饭店老板不答应是因为他看不到自己的"利"在哪儿。超市总经理通过有条有理的分析，让饭店老板看到了自己的利益所在，就爽快答应了。利益不一定是摆在桌面上，一眼可见的。它可能是显性的，也可能是隐性的。如果利益隐藏在事物内部，让人看不明，说不清，你不妨指明，让对方豁然开朗，从而达成共识。

衡量得失，指出最大利益所在

王伟在和一家房地产公司负责门窗采购事务的张经理谈判。张经理指出，王伟公司的窗户价格高了些，有几家价格比他们公司的低，希望王伟能在价格上让步。王伟说："张经理，我们的价格仅仅比别人的高一点，但是我们的产品质量绝对比他们高的不止一点。我知道咱们公司准备在郑州大布局，现在这个小区是第一个项目，这个项目如果赢得了良好的口碑，对以后的项目发展会起到推进作用。如果将来这里的业主反映窗户不好，那对咱们公司的口碑是个伤害。再说，您是负责窗户采购的，将来别人负责采购的东西没有问题，而您负责的窗户反映不好，你们公司的领导会怎么看您？仅仅为了省一点钱就影响贵公司的信誉，影响您的前程，值得吗？"

张经理想的是能为公司省些钱，尽量压低价格。而王伟却拿产品质量作为筹码，让张经理认识到如果采购的窗户质量不好，将会使公司和自己的利益受损。这就完成了利益转换。为了公司信誉和个人前程，多花点钱是值得的。在谈判中，不仅要让对方看到利益所在，而且在对方面临选择时，要帮助对方权衡利益大小，让对方看到自己最大的利益所在，促其做出合作的决定。

拨开迷雾，指出什么才是真正的"利"

歹徒挟持了人质，提出要警方放了自己的女朋友，并要求警方提供一辆加满油的越野车,以供逃跑。刑警队的夏队长为了人质安全只得先答应歹徒的要求,让人将歹徒的女朋友带到了现场。然后,夏队长问歹徒:"你采取这样极端的方式,说明你为了女朋友可以连命都不要,你很爱她,对吧。"歹徒说:"是的,为了她我愿意去死。"夏队长说:"可是,你想过这样做会对她造成什么影响吗?你要她一辈子成为逃犯吗?一辈子生活在提心吊胆中吗?这就是爱她吗?如果你爱她,就听听她的劝告,向我们自首,这样,她就是立了大功,可以减刑,能早日重获自由,过上幸福生活。这才是真正的爱。"歹徒最后在夏队长和自己女友的劝说下自首了。

夏队长抓住歹徒爱自己女友这个关键,让歹徒认识到怎样才是对女友真正的爱,也就是让他认识到了自己以及女友的"利益"所在,完成了利益转换。在谈判中,当对方根本看不清利弊的时候,甚至把"弊"看成"利"的时候,你要拨开迷雾,让对方看清什么才是自己真正的"利益"而有所醒悟,从而为谈判成功打下坚实的基础。

同理推导，指出自己能给对方带来利益的长处

20世纪50年代，松下公司发展遇到瓶颈：它虽然在全球有不错的销售网络，但科研力量薄弱。松下公司想与技术力量雄厚的飞利浦公司进行合作。而在谈判中，飞利浦提出，双方在日本合资建立公司，但飞利浦要收取很高的技术指导费。松下公司的高桥荒太郎说："松下在全球有很好的销售网络，双方合作建设公司，虽然在技术上要接受飞利浦的指导，但经营却要靠松下公司。所以，飞利浦公司应该向松下公司支付经营指导费！"最后的结果是由松下向飞利浦支付5%的技术指导费，但同时飞利浦向松下支付6.3%的经营指导费！

如果松下公司只盯着飞利浦技术领先这一点，那么在谈判中便处于劣势。可松下公司却进行了同理推导：如果松下要向技术领先的飞利浦支付技术指导费，那么飞利浦是否同样也该向擅长营销的松下付费？这样一来，松下发现了自己可以给对方带来利益的长处，扭转了谈判局势。对方既然有和你合作的意思，那么你身上必然有能给他们带来利益的长处，发现这一点，达到利益互换，谈判会对你更有利。

谈判中，当对方看不到自己的利益和最大利益所在，衡量利

益得失不当时,我们把自己的想法与对方的利益结合在一起,转换角度,使得对方能清晰地看到自己的利益所在、最大的利益所在,促使他做出符合自己利益最大化的选择,这种选择也是符合我们意愿的,谈判就会实现双赢。

索赔谈判有技巧

生活中,一些难以预料的损害常会与我们不期而遇。尽管我们有权利向"施损方"索赔,但这个过程却很不轻松。要想让索赔结果自己满意、对方认可,我们必须学一点与之相关的索赔谈判技巧。

巧打"提前量"

尤尔把收藏的自行车租给麦凯恩的私人博物馆。不想,博物馆失窃。尤尔向麦凯恩索赔。

尤:阁下,我的自行车怎么赔偿?你支付2万美元,可以吗?

麦:2万?……打劫啊?能买两辆小汽车了!

尤：这可是 50 年前德国制造的"老爷车"呀，全美国也没几辆。

麦：不管怎么说，2 万美元实在是太高了。2000 美元还差不多。

尤：那可不行。我的自行车极具收藏价值，曾经有收藏家给 4000 美元，我都没有卖呢。

麦：那就赔您 3000 美元好了，不能再高了。

尤：差太多了，你给 5000 美元吧。

麦：一口价，我只给 3500 美元，不行就算了。

尤：好，算我倒霉，谁让我们遇上盗匪了呢。

就这样，双方共同敲定了赔偿金额。

尤尔向麦凯恩索赔自行车，开了 2 万美元的高价。双方交涉到最后，却在 3500 美元定锤，这个结果双方都很满意。索赔谈判时，你先是"狮子大开口"，大幅度抬高自己的索赔的"前提量"，可以轻松打消对方的气焰，降低了对方的心理预期；最后，你再来一个"小收口"，大幅度降低要求，对方觉得捡了大便宜，便会让你如愿以偿。

巧布"攻防阵"

建安公司承建市博物馆，合同规定，因业主的原因造成窝工（指承包商没法按照合同约定进行施工，产生多余费用），损失须由业主赔付给承建方。王东升和老吴找业主索赔。

张科长：一千多万元的工程，两三万元的窝工费，值得提吗？

王东升：我们有约在先，账就是这么算的！36000元，不能少！

张科长：你算800万我也赔！

王东升：合同里有监理员的说明和签字，合情合理的，你还想赖账？

老吴见事态不妙了，便批评王东升："小王，你怎么说话的？张科长是咱们的老朋友了，别因为这点钱伤了大家的和气啊。"

老吴又转向张科长："您别跟他一般见识，他年轻不懂事。我知道张科长您是个讲道理的人，是不会为这点钱赖账的。这里的人工窝工费、机械设备窝工费等都有账可算。您核实一下，如果没错的话我们可以明天划款。有一天停工是因为停电，如果你们不想承担费用，可另说。

王东升：怎么能另说呢？那一天的费用也不少啊。"

老吴：没你事，少插话。咱们承建了这么大的工程，受一点点损失也没什么嘛。我们大家的关系都很不错，如果因为这一天的费用坏了彼此的情意，那就太不值得了。

张科长觉得老吴说话够厚道，很快就把钱赔了。

索赔过程中，王东升唱"白脸"，不依不饶；老吴唱"红脸"，专拣张科长爱听的说。张科长便对老吴产生了心理依从，使索赔谈判获得成功。索赔谈判中，"白脸"和"红脸"两种角色攻防有致、进退自如：说轻了可随时加重，过头了又能立马挽回，总能掌控谈判的主动权。

巧借"他车辙"

年底下大雪，工厂在政府号召下清扫道路。其间，谭会超跌了一跤，磕掉了两颗牙，花了1000多块。医生开出假条，让他静养一周。一周后，谭会超来找厂长签字报销医药费，厂长不同意。

谭会超：厂长，您看，我这也算工伤吧，医药费应该报销。

厂长：你休病假我批的是全薪，一分钱不扣。医药费又不多，你就不要再计较了。

谭会超：钱是不多，可我这也是因为忙厂里的事情才受伤的呀。上个月，司机王师傅伤了脚，休息期间也给了全薪，住院费和医药费也实报实销了。其实，1000多块对我来说也不是个小数目啊。您看，是不是应该也给报销了？

厂长：那好吧。我在单子上给你签个字，你找财务部报销。好吗？

谭会超：谢谢厂长。

谭会超向厂长索赔工伤医药费时，已讲出充分理由，但他还是搬出王师傅的案例，给厂长施压。厂长不能否定这个案例，就没法驳回谭会超的诉求。索赔谈判也是"前有车后有辙"，在谈判中搬一些有力案例出来，"前之覆后之鉴"，巧借"他车辙"，比你说多少硬话都管用。

索赔谈判是一种艰辛的劳动，和"施损方"较劲并不是一件容易的事。借鉴以上谈到的索赔谈判技巧，相信能助你一臂之力。

商务谈判，拒绝也要有技巧

商务谈判的每一个环节都是利益博弈，遇到不符合己方利益的事项，拒绝是必要的。但拒绝也要有技巧，对方被你拒绝没有惨痛的感觉，才不会影响日后的合作。俗话说"人不辞路，虎不辞山"，生意场上没有永久的拒绝。让对方高兴而去，实际是给未来预留机会。

引诱自否

胜达公司要把一批货物从重庆运到上海，于汉江便找民生船运的刘利普洽谈水运事宜。谈判一开始，于汉江的要求就让刘利普觉得太离谱。他们之前有过不少交往，这次，于汉江把船费压得过低不说，还要十天之内到港，简直是做白日梦！刘利普对于汉江说："我们的船是花钱从长江航运租来的。您给的运费刚刚够租金，工人的工资、燃油、税费，都让我们赔啊？您定的时间太紧，集装箱快班货轮从重庆到上海的航行时间为5天，但目前，货轮在三峡大坝过闸就要3天。这样算来8天就过去了。等船，装货，卸货，报单，这时间从哪来？"听刘利普这一说，于汉江也觉得自己欠妥，就改为按最低市场价付费，时间延迟十天半个月无所谓。最终，两家公司达成运输协议。

刘利普对于汉江不合理要求没有直接拒绝，而是以成本构成和货船运输的时间分析加以诱导，让于汉江自觉否定了自己。严词拒绝对方总要伤及感情，是商务谈判的大忌。谈判中，抓住对方的不合理要求，以实际情况，指出其无视商务规则和常识的症结，道出其霸道。对方感觉自己不像话，接受你的诱导，会自觉改弦更张。

先承后转

2010年初夏，电器老板王月恒从气象局得知，今冬明春平均气温可能低于常年3至5度。届时，居民辅助取暖设备肯定会出现大缺口。于是他便提早采购电暖气备货。王月恒和厂商代表刘苑达成意向，订购两种型号电暖气 3000 台。谈判中，价钱已经敲定，货到付款也形成共识。王月恒要求 11 月初交货，刘苑则坚持 7 月底交货。销售淡季，厂商早交货，有利于资金流转，节省库存成本，可对经销商却正相反。王月恒说："我们的谈判很顺利，产品质量绝对信得过，价钱和付款方式我们都是一致的。但强调 7 月底交货，是强人所难。你们是早出手早省心，可我们背的包袱时间太长也受不了。10 月初交货我们可以接受，7 月底绝对不行，我们没有闲钱押这块宝。"刘苑听王月恒的话心诚意切，便退了一步，同意在 9 月底交货。

王月恒拒绝刘苑的交货时间，便以产品质量、双方共识，即价钱和付款方式为"承"，继而"转"到交货时间的"绝对不行"上，迫使刘苑妥协。商务谈判拒绝对方，往往会使之产生对抗心理。从双方共识切入，先谈对方合理的一面，然后再来一个转折，可大大减缓拒绝的冲击力度，使对方心理不至于受到强烈磕碰。生意不成仁义在，达不达成协议，对方都会对你抱以理解。

围魏救赵

清末,红顶商人胡雪岩来到药都安国,采购名贵中药材,和长白山药商牛满川又见面了。牛满川有的是好东西要出手,见了胡雪岩无比亲热。他俩在客栈的一间茶屋小聚,谈起了人参、鹿茸、长白山灵芝等名贵中药材,胡雪岩就说他要买一些回去。哪料,牛满川用指法向胡雪岩报价,每种药材都比市场价高出两成。胡雪岩大叫:"牛满川,你配做生意人吗?认识你算我倒霉。去年从你们铺子买人参,收了钱你又悔约,让我丢尽面子,真是没有诚信。这次,价钱又多报两成,以为我好欺负啊?告诉你,就冲你不实在,一切免谈。"牛满川好像挨了一顿痛打,觉得从去年就愧对了这位小南蛮,今年再不能刁难他了,于是便点头哈腰地降了药价。

胡雪岩拒绝牛满川漫天要价,便对他去年的悔单行径发起攻击,牛满川猝不及防,只好后退一步,降了药价。商务谈判受到刁难,对对方晓之以理没有效果,便可围魏救赵。即揪住对方以前的要害问题不放,切实戳到对方的痛处,迫使对方退让。对方处于道德弱势,感觉理亏,必然缴械投降。

第一篇　谈判口才

补偿安慰

达克尔·哈特在伦敦的一个小镇附近开着一家小农场，专门种植蔬菜，批发给卡丁蔬菜公司销售。去年冬天，卡丁去北非，发现那里的西红柿是橘黄色的，比伦敦本地西红柿成色好多了。用飞机空运过来，加上运费，比哈特的西红柿也不贵，消费者一定喜欢。于是，他便和北非方面约好，每天发一定数量的西红柿。迈克尔·哈特的西红柿滞销了，便找卡丁吵架："亲爱的，我们的生意做得好好的，你凭什么终止合作，不续签合同了，你知道这样做意味着什么，还有没有商德了？"卡丁说："不是的，您言重了。我们只是西红柿没有续签合同，其他蔬菜依旧。"哈特不服："可是西红柿是大头，你们让我怎么办？"卡丁说："另找销路，我们可以帮你的。明年夏天，还要卖你的西红柿。这一季你的西红柿有损失算我的，我包赔。""真的？你可不要反悔。"这次，卡丁公司用少量的补偿拒绝了迈克尔·哈特，他的小农场仍然是卡丁公司的主要货源。

卡丁"见异思迁"，用补偿法拒绝迈克尔·哈特的西红柿，不仅没有得罪哈特，还使他受到心理安慰，接受了不利现实。谈

051

判桌上因为拒绝，给对方带来损失，对方则难以接受。我们以补偿法拒绝，可以充分缓解心理压力，其结果对对方有益，于我们自己也有好处。对方在生意场上对你产生依恋，或许会成为你的铁杆客户，永远不离不散。

  商务谈判，为了维护自身利益，拒绝对方是必须的。但这种拒绝最好是人性化的，拒事不拒理。争利不逞强。哪怕自己的处境真的很不好，也不能伤及伙伴。

谈判中常遇到的诡辩及其破解

谈判应该是谈判者以智慧说服对方的过程。可是实际中的谈判并不都是如此,有人为了获得某些利益,而在谈判中运用诡辩来迷惑对方,让对方上当。对于这些诡辩如果不能快速识别,就会陷入对方圈套,谈判被动而丧失利益。那么实际中经常被用到的诡辩术有哪些,我们又怎么去破解呢?

一、转移话题法

某集团从日本公司进口一大批小型货车,这批货车存在严重质量问题,投入使用后出现大量事故,造成集团不小损失,集团只得向日方要求赔偿。这种情况下,日方就连连使用转移话题的方法,在中方提出货车质量问题之时,日方谈判人员顾左右而言他,声称:"你方在购买货车之前就应该知道，我们汽车制造技术是世界第一的，不可能存在质量问题，我看我们可能找错了问题根源。要知道中国的公路质量并不太好，货车是经不起颠簸的；而且中国的司机并没有驾驶日本货车的经验，在修理过程中很可能没修好反而使汽车坏了，所以我方可以愿意配合贵集团培训新型合格的司机。"

中方问题明明是就日方货车是否存在问题而展开，而日方却拿中国公路质量和司机经验来说事，这分明是转移话题。无疑，他们是想避开巨额赔偿，转而付出更小代价。可是对于我方而言，面对这种情况必须提醒对方把讨论重点回归到谈判目的之上，并粉碎其所找的借口。

中方回应："我们在谈判前已经收集了货车零件抗击颠簸的数据，也要了司机修车流程记录，这些都是可以验收考核的，证明问题并不是出在我方使用环节，而是货车本身存在质量问题。我提醒各位，这次我们约各位来是讨论货车质量，而非如何使用货车，请尊重谈判流程，如果您方有新的议题，下次再讨论。"日方看避无可避，只得承认货车质量与技术指标存在差异。

中方没有被日方的诡辩带偏，而是非常清晰地指出问题的根源所在，也就是货车本身存在质量问题，而非司机技术水平不够。中方在谈判中可谓一语中的，让故意转移话题的日方无言以对了。

二、循环论证法

某餐饮公司用某软件公司的第一款产品非常好用，正在谈判，想继续使用并压低价格。餐饮公司代表："我们用了你们的软件，发现并不十分符合我们的实际要求，但确实是一款好软件，所以你看价格方面能否再便宜一些？"

软件公司代表："您总是说我们功能不符合您的要求，我想知道到底是哪些功能，如果可能我们可以为您的公司设计一款定制款。"

餐饮公司代表："我们调查过，工作效率低下的原因是对记录核对过程烦琐，我们购买软件也是为了提高这部分效率，但现在并没有想象中的效果。"

软件公司代表："到底是哪项功能有问题呢？你这样说我不知道是我们软件问题，还是您方问题。"

餐饮公司代表："就是在实际应用中有些环节不符合我们的要求。"

餐饮公司代表的逻辑就是在兜圈子，用"不能提高工作效率"来论证"不合我们要求"，为什么"不能提高效率"呢，还是因为"实际中不合我们要求"。这样兜圈子其实是他们想找理由压低价格，但又无法用实际数据支撑，只能用这种似是而非的说辞"绕"软件公司。应对这种手段，需要及时意识到他们的循环把戏，直指问题所在，打破对手"迷阵"。例如可以这样说："我们不要再这样无目的地谈下去了，您方觉得不合适的地方请拿出来证据。我们有提供更好服务的诚意，您也要切实说出问题所在，或是继续续订软件。谈判才能继续，现在这样浪费时间没意义。"

三、偏颇类比法

一技能培训机构为某企业输送员工，企业老板为使新员工对工作认真对待，接待员工和老师时说："企业就像钟表，一个企业要经营好，就必须有严格制度，就像钟表一样按规矩运行。员工就是钟表内部的零件，必须准确地按制度步骤去工作，不能出一点错，钟表零件不准了我们会将它拿下来换掉。一样的道理，员工干不好，我可要将他换下来送回学校'修修'了。"

老板的话看似有理，实际上就是用了偏颇类比的诡辩技巧。把企业和钟表类比可以，但员工和零件是不具有相同属性的，零件没有生命，可以毫不犯错地坚持工作。可人不行，人的管理过程必须注重弹性，人有各自的特殊性，有些问题是人想改变也没办法的，一旦制度不够人性化，问题就会发生。谈判桌上对手用此方法，我们就要准确指出其两者不可类比之处，维护自己利益。

校方是这样回应的："老板果然是严格要求事业的人，一片期望之心我们也看到了。可是人毕竟不是零件，在运用过程中如果使用不当，不能都算在学校头上啊。"老板笑说："那是那是。"

谈判的胜负直接与利益相关，所以利益驱使下，难免对手会使用诡辩技巧，热爱谈判的读者对此不可不防。上面例子我们也看到，谈判中的诡辩通常并不是那么难于辨别理清的模糊概念，而是以扭曲使用逻辑的形式出现。所以，只要谈判者在谈判中慎重对待，谨记己方利益，灵活快速地应对这些诡辩不成问题。

第二篇

销售口才

抓住客户心理，从"心"做销售

许多销售人员遇到过这样的问题：顾客对销售员介绍的商品产生不了兴趣，销售员介绍了很多他们也不往心里去。这就给很多销售员出了难题，不知道该进该退。可是我们如果去分析客户心理，就会发现这也是一种正常心理，他在权衡，此时你滔滔不绝地说自己商品优点就打动不了他，要学会利用顾客的心理，让客户觉得获得某种理解，就会更容易接受你的说服。通常用到的方法有以下几种：

一、利用客户折中心理，分析利弊给他听

一位女客户走进一家办公用品店，指着两把椅子问："这里办公椅都是一个价位吗？"

销售员走上前扶着一把说："不是，这种椅子280

元，旁边那种630元。"

客户："这两把椅子看起来差不多，为什么价格差那么多？"

销售员："这样，您可以坐上去感受一下。"

客户分别到两把椅子上坐了一会儿，然后问："我感觉这把便宜点的就挺舒服，而这个630元的却有点硬，不过看上去这个贵的倒是漂亮些。我定不下来，到那边看看再说。"有些犹豫。

销售员笑着说："我给您拿点资料看看，630元的椅子不只是漂亮，还因为它内部弹簧够多，所以刚坐上去会有些硬的感觉，但是那是按照人体科学设计的，即使长期坐也不会感觉疲倦。同时，弹簧多一点就不会因为坐时间长而改变坐姿。办公室人员由于长期坐椅子，经常会不经意变成不良坐姿，就会腰痛、肩痛。除了增加依据人体科学设计的弹簧，还更换了新的支架，它的寿命会增加两倍。那把280元的椅子寿命远远不如这把，而且也没有合理的设计。所以这个价格高些是有价值的，而便宜一点的就在这两个方面逊色，长期使用的话您觉得哪种更合适呢？"

客户听后，选择了630元的椅子，他觉得多花钱但使用时间长，而且对身体有好处，物有所值。

客户犹豫是在两者之间不好取舍，显然他是具备购买高价椅子的能力，只是不知道是否合适。销售员的解说就是给客户一个折中的价值考虑，虽然价格贵，但从使用寿命上是便宜的椅子两倍，这样看来也不亏，而且还对身体有好处。经过这样解说客户购买心理就不集中于价格的差异，而是觉得高价也有道理。利用客户这种折中的心理就能很好地引导客户做出选择。

二、激发客户购物紧迫感，促使快速成交

房产销售员唐林手上有甲、乙两套房子待售。她想卖出的是甲房子，但她并没有极力向客户推荐甲房子。而是带着客户两个房子都看了下，问："先生，这是我们待售的两套房子，而甲房子前两天被人家看中了，要我为他留着。所以，现在主要是乙房子可供销售。"客户一听甲房子被人家选中了，带着甲房子好的眼光审视两套房子，渐渐觉得乙房子确实不如甲房子。就问："我也觉得甲房子不错，那个人是要定了吗？"唐林说："没，但我不能私自把这套房子留给您，如果您真喜欢甲房子，我一定会想办法看看有没有办法卖给您，您过两天给我打个电话好吗？"

第三天，客户果然打电话问房子情况。唐林兴奋地

告诉客户："您真是好运气，现在可以买到甲房子了。上次的那个客户资金一时周转不了，我劝她暂时放缓购房计划，我答应过您想办法，现在还真有机会了。"客户一听，也庆幸自己有机会买到甲房子，没有过多挑剔，很快就高兴地成交。

唐林在销售过程中，在对两套房子同时介绍时，巧妙地把客户的注意力集中到甲房子上。同时还给了他一个遗憾，这样就唤起了客户购买房子的紧迫感，当唐林再给他一个失而复得的机会时，他就放下购买戒备心而一心抓住机会。这种方法在实践中非常有效，尤其针对豪华奢侈品的销售，能起到快速成交的作用。

三、利用顾客防骗心理，周到服务换取信任

黎明的新家装修完毕，和太太一同去购买家电。他们相中一款34英寸电视机，豪华轻巧。销售员走过来："请问二位购买电视机要放在哪个房间？"太太："放客厅里。"销售员："那您家的客厅有多少平方米？"太太想了想："大概15平方米。"销售员说："我觉得您还不如选择这个30英寸的电视，这个牌子有二十多年的历史了，更能满足您的需要。"听到销售不急于推销大电视而

是为黎明夫妇考虑，他们觉得这个销售员还挺真诚。太太就停下脚步说："我们家客厅宽，应该能放下。"销售员说："那您家还要添置音响吗？"太太："当然要有，我们弄就弄齐。"销售员："那么电视机两旁放音响可能会有些挤。您再想想，如果一次购买音响，我建议你们选择30英寸的电视。小空间放大电视本身对视力也不好，再说那款30英寸的电视现在做活动，您只要花原来四分之三的价格就可以买回家。而且我们的降价不是因为质量问题，是厂家每一个季度就有一款电视会进行促销，这季度刚好是这个款式，很巧，我可以把质保文件给您看看。"黎明夫妇听完更觉得这销售员在为他们考虑，觉得他非常可信。太太也说："还真不错。"销售员："还有，您可以用剩下的钱买一套音响，不是更好吗？如果信赖我，我会为您再挑一款既实用又华贵的音响。"黎明夫妻点头："信，你就再给我们介绍一款音响吧，而且我们还想买……"

案例中销售人员不仅卖出了电视，还成交一套音响，而且还有其他附带的消费内容。这就是他抓住了客户防骗心理，不主动介绍贵而不实用的产品，让客户觉得他是可以信赖的推销人员。建立了信任后，他就可以为客户推荐更多实用的产品，自然就会有更多的成交机会。这种方法有很强的实用性，它的长处就是可能建立长久消费模式，培养长期客户。

销售的难题终归就是销售人员对客户的购买心理把握不准确而造成的。如果尝试新的销售角度，从客户心理入手，相信会给你的销售带来新的商机。笔者在实践中也发现，业绩好的销售员也不是口若悬河的人物，往往那种能快速进入客户心理状态，对客户购买心理把握准确的销售员才最能让客户接受，把话说到客户心里面。所以，真正的优质销售，一定要从顾客的心理着手。

巧用映衬法，推销见奇效

有时候，我们在推销一件商品时，无论我们把它的功能介绍得多么完整，把它夸得多么完美，如果不让对方理解商品对他们的意义，或者说不能让他们完全体会商品的价值，对顾客的吸引力都会大打折扣。此时，我们不妨换一个角度，避免直接劝说准顾客购买商品，而是从侧面来衬托商品的优秀。对比映衬之下，对方就容易下定决心了。

一、以虚衬实，获得顾客好感

大名鼎鼎的推销行家阿玛诺斯由于善于推销，不到两年，他就由小职员晋升为主任，他的推销方法也很奇特。

有一回，他要推销一块土地，阿玛诺斯并不依照惯例，向顾客介绍这地是何等好，如何富有经济效益，地价是如何便宜等。他很坦率地承认甚至有意夸大这块地的劣势，他告诉顾客："这块地的四周有几家工厂，若拿来盖住宅，居民可能会嫌吵，因此价格比一般的便宜。"

顾客听到这里，心里的期望落到了最低点，但无论怎样，阿玛诺斯都会想办法带顾客到现场参观。当顾客来到现场，发现那个地方并未如阿玛诺斯说的那样不理想，甚至有一些料想不到的优势，他们不禁反问："哪有你说的那样吵？现在无论搬到哪里，噪声都是不可避免的。"于是很爽快地购买了那块土地。

大多数推销员会有意隐藏商品的缺点，而夸大商品的优点，所谓期望越大，失望越大，这样做的结果，往往是顾客看到商品或者将商品买回家后，感觉被忽悠了。因此，阿玛诺斯反其道行之，有意夸大商品的劣势，让顾客提前做好心理准备，当顾客亲眼看到商品后，就发现，原来比想象中的好那么多，成功率就大大增加了。

二、以人衬己，打消顾客疑虑

吴其正是一名汽车销售员，有一天，一位顾客看中了某品牌汽车，但是在价格上不太放心，他说："我对比过其他销售店的价格，你们这里明显要高出几万块，让人难以接受。"吴其正说："我相信你在其他店看过这个车，也知道这个价格，我也相信你说的话。但是先生，有一点要提醒你的是，买一台车，你付出的价钱不光光只有车价，还有很多其他的组成部分。很多地方，价格很便宜，但是质量得不到保障，维护得不到保障，到后来，花的冤枉钱却多了很多。我有一个朋友，买了一辆越野车，不知道他是通过什么途径，便宜了几万块钱，当时他高兴得很，好像很幸运。可是后来，他在旅游途中，车经常出问题，不是维修，就是叫拖车，两年时间，又花了十来万。我的车价比人家可能要贵两万块，但是你别忘了，我们有送给你价值5000元的服务金卡，而这些个性化的服务是其他店没有办法比的，比如我们提供的华东地区免费的救援车服务，你如果遇到要拖车，打个电话给我们，我们的服务人员就会免费给你提供这项服务，一次就可以给你省下300—500元，你看哪个更划算呢？"

这位顾客点了点头，达成了交易。

每一位顾客对商品都会有一个直观的感受，但是，这种感受并不会一成不变,推销人员,就是要把顾客的负面感受进行转化。这时候,说一说其他同行的情况,与自己的商品进行对比,突出自己的优势,很容易就打消顾客心中的疑虑和不平衡。上例中,顾客嫌汽车太贵,经过吴其正列举分析"便宜货"的种种不便,与自己的商品虽然贵,但是更实惠的情况,最终赢得了顾客的信任。

三、以次衬好,坚定顾客信心

有一次,推销员原一平在劝说山本投保时,山本总是给出一些琐碎且毫无意义的反驳。

原一平凝视着山本说:"山本先生,如果您觉得这个保单费用太贵,我向您推荐一种'29天保险合同'。'29天保险合同'与前面那种保险的条件都是一样,而购买这种保险的人只需要花费正常规模保险合同50%的保险费用。"

山本吃惊地问:"为什么只要花费50%的保险费用就可以了?应该还有一些特殊的要求吧?"

原一平仍然用不紧不慢的语调说道:"山本先生,所谓的'29天保险'就是指您每月受到保险的日子是29天,也就是说,您和您的家人,每月有一天或者两天没有保障。"

山本脸上的喜悦表情顿时没了。

原一平此时说："山本先生，请原谅我，我提议的这种保险方式是对您和家人的不负责任，而您对家人的责任感却相当强烈。我担心您会想：'如果我正是在这个时间里发生意外伤害怎么办？'"

山本先生很诚恳地点了点头，表示认同原一平的说法。

原一平继续说："因此，我建议您还是买我第一次向您推荐的保险，不管在什么时候什么地方，您都会享受到安全的保障，您的家人也会得到这样的保障，这一定正是您所希望的吧？"

山本高高兴兴地购买了费用更高的那种保险。

俗话说：不怕不识货，就怕货比货。有时候，顾客心里本来挺喜欢这件商品，但是另一个疑团又会随之升起——还有没有比这更好的呢，于是交易又成了未知数。原一平正是抓住了这种"货比三家"的购买心理，向顾客推荐一个看似更划算的商品，随着顾客的深入了解，认识到在低廉的价格背后，是不完善的商品服务，原来，刚开始那个才是最好的！顾客的信心就此坚定下来。

所谓红花还需绿叶来衬托,在推销实际中,我们不妨也为自己的"红花"制造一些"绿叶",以此让"花儿更红",推销更顺畅。

意识引导，唤起客户需求

销售人员经常抱怨目标群体根本没有消费欲望，产品能销售成功吗？当然能，作为优秀的销售人员，可以对消费者进行意识引导，唤醒他们需要消费的欲望，引导他们考虑对你所推销产品功能的诉求，就会打开产品新的销路。通常，意识引导有以下几种方法：

意识引导，让顾客重新认识产品

李琳是一名卖灵骨塔（殡葬用品）的推销员。有一天，她去拜访一对退休在家的老夫妇。这对老夫妇一直都身体健康，无病无痛，所以根本就没有考虑过自己过世后的事。当李琳一说到灵骨塔的事，两位老人家就直摇头："你来这里说这些干吗？是想咒我们老两口吗？这也太不吉利啦，我们现在根本就不需要！"

　　李琳并没有因被老两口责骂而退缩，反而微笑着说："这个灵骨塔的位置是本地环境最优美的地方之一，风水非常好。有许多三四十岁的中年人都买了。再加上目前灵骨塔价格低廉，非常畅销，所以我们公司决定从后天起暂停优惠促销，目前所剩的塔位也不多了，机会真的很难得，希望你们考虑一下，不要错过。"两位老人对李琳保持着爱理不理的态度，任凭李琳说什么，他俩都一言不发。李琳看到老两口都不说话，为避免场面陷入沉默和尴尬之中，改换角度说道："我们公司还推出了一个方案，叫'天长地久，永不分离！'我想这是许多恩爱夫妻的愿望。生的时候在一起，百年以后也要在一起，而且这样还可以享受八折优惠。如今不少上了年纪的人，都希望能先将自己和老伴未来的房子预定，一来不用让晚辈们操心，也不用担心会不会因为家产问题处理不当，而使自己无法安心地走；二来更可以选择跟心爱的另一半再续前缘。有很多人认为，这种方案考虑得很周到。"李琳说到这里，老人说："永远不分离，这也是一种浪漫啊。"于是，后面的交谈进行得很愉快，最终老两口购买了李琳推荐的灵骨塔。

当老两口拒绝李琳的时候，李琳没有退缩，避开"死亡话题"，而是从另一种"永不分离"的意义去说，这样讲就引导两位老人往"恩爱百年"的方向去考虑，这样新的诠释，就唤起了两位老人新的需求。他们想不让儿女操心，还能"永不分离"，当然会购买李琳的产品。可见给顾客一个新的产品认识，就能唤起顾客对产品新的需求。

意识引导，引导客户认同购买标准

销售员："钱先生，彩电买回家主要就是看的，所以清晰度应该是您最为关心的，是这样吗？"

客户："当然。"

销售员："而一台液晶电视清晰度的好坏，主要取决于液晶屏的好坏，所以说选一台好的液晶电视，就是选一个好的液晶屏，不知道这样解释您是否可以理解？"

客户："可以。"

销售员："而目前液晶屏主要是由三个产区生产的，分别是中国、韩国以及日本，如果是您的话，您觉得哪个产区的液晶屏质量会比较好？"

客户："这个技术中国的就不错吧。"

销售员："客观来讲，今天的中国所生产这方面的电子产品质量非常出色,像您现在看到的这款液晶电视,其液晶屏就是中国生产的,清晰度方面,您是完全可以放心的。"

客户:"嗯,这个彩电我没有什么挑剔的,你们什么时间给送货安装?"

经过销售员的解答,客户欣然购买这款彩电。

客户对于彩电的要求可能来自每一个角度,但销售人员就是用了连环的问题,来不断引导客户确认,购买彩电实际上主要衡量依据就是液晶屏。当客户确认了这一点后,销售员再介绍本款彩电的液晶屏符合客户要求的时候,客户就不好意思再挑剔其他,最后谈成了这笔交易。这种不断引导客户认同购买标准的谈话方式,更有效避免客户对产品的挑剔,而促使交易完成。

意识引导,吊住客户贪小便宜心理

推销员杰克逊向一个客户推销一批小商品。刚开始时,他给客户的报价是每个36元,客户讨价还价为30元。这样反反复复地谈了很长时间,最后杰克逊表示:"33元,不能再低了。"

然而客户却想:从36元降到33元,要是我继续坚持,压到31元应该没问题。于是,他就对杰克逊说:"不用说你也知道，和你同类型的商品到处都是，你们的生意也不容易做，我也不能贪得无厌。这样吧，每个31元，你让一步我也让一步，怎么样？我可是真心实意的，就看你的诚意了。"

杰克逊没有立刻答应客户的报价，而是对客户说："你的这个报价，我现在不能马上答应你，得去问一问我们经理，和他商量一下。"说完他就走进了后面的经理办公室。

很快，杰克逊就回来了，脸上露出了一副很为难的表情："非常对不起！刚才我犯了一个错误，经理告诉我，这种商品由于采用了最新工艺，所以成本要比其他同类型的商品高，我刚才说的33元那是采用新工艺之前的价格，如今的单价最低也要34元了。实在很抱歉，我犯了这么大的错误！"

"你也别道歉了，浪费了我这么长时间，你必须给我个交代呀。总之就按你刚才说的价钱，每个33元，我也不跟你多说了，以后咱们合作的机会还多着呢。一手交钱，一手交货！"客户还觉得自己占到了便宜。

客户从不同意到同意，就是因为杰克逊引导客户觉得他给的价格已经占到了便宜，客户要珍惜这个机会。实际上是唤醒了客户要抓住机会，感觉自己已经压到最低价格，为自己得意，这样就会加速成交。我们只要简单地引导其占便宜的心理，就能唤起其快速成交的欲望。

作为销售人员，一定要记住，顾客并不是不需要你的产品，而是你没有唤醒他对你所推销产品的需求意识。只要展现你的智慧口才，唤起了他的这种需求，你就会拓宽销路。

学会让顾客心甘情愿地消费

"攻心术"是一种洞察人心、赢得信任的技术。对顾客"攻心",就是利用说话及心理技巧,打开顾客的心扉,让顾客在不知不觉中就相信你的话语,接受你的建议,甚至采取行动。那么,在销售中,我们如何使用"攻心术",让顾客心甘情愿地去消费呢?

一、用"启发法"攻心,改变对方的消费观念

龟田润一是东京一家商城的推销员。一天,正下雨,他拿着一把豪华伞,对顾客说:"这把伞您一定喜欢,5万日元。"顾客吓了一跳,说:"不就是一把伞吗,5万日元?"龟田润一说:"是啊,确实有很便宜的伞,但并不是便宜就能省钱。有的人贪便宜,家里随处放着的

都是便宜货，反倒费钱了。为了避雨，1000日元和5万日元的伞好像没多大区别，但未来就不一样了。究竟哪一把伞用的时间长，更能显示您的身份呢？这把伞才是真正的好东西，您会一辈子都使用它。要是不买它，您会买到很多便宜货，但这样一来，反倒浪费了多余的钱。为了避免浪费，您还是买这把贵伞为好。"顾客一动心，就说："好吧，就买它了。"

龟田润一洞察顾客心理，知道顾客对贵伞咂舌，是观念跟不上。所以，他讲明"买便宜货弃之不用，反倒费钱"的道理，终于把对方的观念"盘活"了。顾客信心不足，只要没有彻底拒绝，你便可以对其使用"启发法"攻心，让顾客转变观念，变成你的买家。

二、用"体验法"攻心，点燃对方的消费欲望

现在，有的人往宠物身上花两三千元，眼都不眨。陈益四就是看到这一点，才发明了"防爆冲牵狗带"。一天，陈益四出来遛狗。一条高大的金毛犬，看到他拉的狗，便直冲过来。由于力量过大，女主人立刻被拽倒了。等对方起来，陈益四便说："大姐，多危险啊！还是

换一条我们厂的牵狗带吧。"对方说："我这狗太浑,和狗带没关系。"陈益四说："有关系。我用的是这种'防爆冲牵狗带'。您看,金毛犬的带子是扣在背部的,您向后牵绳,它反而会向前猛冲,这是狗的本能,不是浑。我用的这条牵狗带,扣环是设计在前胸带上的,您拉紧它,小环圈会拉紧两侧的胸带;这时候,狗感觉力是向前的,它就会本能地向后停住。"女士说："有这么神?要是真的,我也买一条。"陈益四当即把自己手里的牵狗带解下来,给金毛犬换上,让女士体验一把。果然,金毛犬一点不犯浑了,女士便买了条陈益四的新狗带。

顾客对新事物的接受都需要一个过程,而让顾客亲身体验新事物,最能直接打动顾客的心。陈益四向女士推销"防爆冲牵狗带",先是介绍牵狗带设计的原理和依据,然后又换狗带,让女士亲自体验,使交易成功。推销员与顾客沟通,介绍是必不可少的,但顾客往往习惯于眼见为实,这时你用"体验法"攻心,就能点燃对方的消费欲望。

三、用"附加法"攻心,强化对方的消费心理

汽车公司推出一款高档新车,但市场却没有起色。

推销员贝克松灵机一动，便给有购买意向的布兰科先生特制了一张海报。海报画面上不仅有这部漂亮的汽车，还印上了布兰科的名字。贝克松对他说："布兰科先生，本公司的一款新车上市了，这是专门为您做的'藏品'，还望您多支持。"布兰科感到特别意外："我都上海报啦？""如果您能拥有这部车，您的名字将被刻在汽车的底盘上，车牌号还可以印上您的名字。""真的吗？那我就要这款车了！"之后，布兰科递过一张字条说："这都是我朋友的名字，请您多印几张海报！由我代交他们，他们肯定喜欢。"就这样，布兰科不但自己买了这辆车，还让朋友们也买了，贝克松的业绩一下就上去了。

如果推销员让顾客买到商品的同时，还能附加上顾客心里所需求的"被关注"和"被尊重"，那么必能赢得顾客的心。贝克松在海报上印了布兰科的名字，还答应在汽车的底盘、号牌上印名字。布兰科的消费心理因之得到强化，不但自己买，还拉朋友也来买。销售产品，投其所好地对顾客用"附加法"攻心，可有效强化对方的消费心理，培养铁杆买家。

四、用"剥笋法"攻心，打消对方的消费顾虑

营销管理专家郭汉尧见李太太在洗衣服，就说："这台洗衣机这么旧，太难为您了。"李太太说："年头多了，不是这坏就是那坏。"推销员说："该换新的啦！您看我们公司的最新产品……"不等推销员说完，李太太说："那得多少钱？就我们老两口的衣服，不值得。""您不用担心钱，家电下乡的价，再便宜150元。一台全自动洗衣机，不到1000元。""好倒是好，换新机器不会用。""您会开电门就行，它自己全办了，自动的。""那要再出毛病呢？""一年之内出了毛病包修包换。""有我的旧机器好使吗？""您试试，如果不好使，我们再拉走，一分钱不要。""可惜啊，我这旧机器就没地方放了。""那也不要紧，我们有以旧换新的业务。这台旧机器折价200元，可以吗？"李太太说："行啊，就这么定了，给我来一台！"

针对李太太的顾虑，郭汉尧进行了一层一层的"剥笋"攻心：李太太嫌花钱多，推销员就以价格"优惠"剥笋；李太太怕"新机器，不会用"，推销员又以"会开电门就行"剥笋。就这样，一直剥到"旧机器折价200元"，才最后打消了李太太的疑虑。

对消费者的疑虑,像剥笋一样,逐层把那些笋皮剥掉,彻底打消疑虑,你方能与消费者共享"笋芯"。

总之,只要我们洞察了顾客心理,有的放矢地进行"攻心",就能取得预期的销售效果。

卖鱼钩也能卖出轿车

莫博理受聘于"应有尽有"百货公司做售货员。一天,来了一位男士给太太买棉巾,莫博理对他说:"先生,今天是星期天,您就不想去钓鱼吗?我们这里的'仇客'牌鱼钩,什么型号的都有。如果您中意,就选几个玩玩。"男子挑了几个鱼钩,莫博理又说:"和这些鱼钩配套的鱼线、鱼竿也一应俱全,渔具还是配套的好啊。您再带一些鱼竿、鱼线回去吧?不然再来一趟多麻烦。"男子买了鱼竿、鱼线后,莫博理又说:"您肯定是到海边钓鱼吧?那还需要一条轮式小船。"男子说:"好吧,我真的该买一条小船了。"莫博理紧盯着男子说:"您用什么把小船拖到海边呢?您必须拥有一辆'巡洋舰'牌轿车,用它来拖小船又气派又方便。"听了莫博理的话,男子真的花掉了最后一笔款,用轿车拖着一条小船回家了。

后来，莫博理在"应有尽有"百货公司不断创造销售奇迹，年纪轻轻就做了这家公司的总经理。

也许我们无法复制莫博理创造的奇迹，但我们可以借鉴莫博理的销售技巧。莫博理的过人之处就在于他能不断刺激顾客的潜在心理需求，使单一客户的消费欲无限扩大，从而出现"卖鱼钩也能卖出轿车"的奇迹。在交易过程中，相当多的顾客仅仅是潜在消费者，他们买什么不买什么，销售人员的刺激往往起决定性作用。销售人员的职责就是要以语言暗示，为顾客制造需求，强化顾客的消费欲望，让他们买东西。

识人下菜，吊起顾客的消费欲

李嘉诚塑料厂的塑料花一上市，就特受香港消费者欢迎。一天，李嘉诚看见一位老者对一束塑料水仙感到很惊讶："哇！塑料花，我还以为是真的。"李嘉诚过来搭讪，得知对方是港大教授，家住九龙。便说："您看这盆水仙，叶、花都像真的一样鲜亮。您买一盆放在书桌上，和笔筒砚台相映成趣，读书写作心旷神怡。再有，九龙的房子都是大客厅，特别敞亮，建议您摆一对高大盆景。'富贵牡丹'和'月季争妍'就最合适。放在客厅茶几两旁，高出茶几尺余，一进客厅是主景，坐下来又是陪衬，最吸引人的目光了。九龙的房子本来就霸气，这两盆花雅趣胜芝兰，会让您的家居更可人。"老教授乐了："借您的吉言，这几盆花我要了。"老教授本来没打算买塑料花，听了李嘉诚的话，却花一百多港元，买了3盆塑料花。

教授感叹塑料水仙"又像又鲜"，李嘉诚便在攀谈过程中，识人下菜，以盆景将为教授的房子锦上添花为切入点，让一个根本无意购花的老教授抱得盆景归。俗话说，"既在江边站，就有望海心"。既然都到江边了，就有观望大海的心思。面对"站在江边"观望的顾客，销售人员要学会看人下菜，挖掘顾客的潜在消费需求，打开他们的心门，变"潜在需求"为"外显需求"，买了小单买大单，心甘情愿买你的账。

步步为营，燃起顾客的消费欲

一位衣着时尚的小姐来到店里，买了一件内衣。售货员张莉说："妹子，我们新进了一个款式的连衣裙，我觉得很适合您的身材，有没有兴趣看一看，看了您一定喜欢。"顾客说："不用了，没计划买连衣裙。"张莉说：

"您试一试,也不见得现在买,您看中了过几天来买,我给您留着。"张莉说完,拿出一件宝石蓝的连衣裙说:"这个颜色,穿上显得气质高贵。"顾客说:"不好意思,我只是看看,我家里已经有很多连衣裙了,不打算再买了。""那太遗憾了,这件衣服和您的气质很搭,看起来很有成功女士的风范,而且是今年最流行的款式,用了让人感觉凉爽的面料。不信您摸一下。"女士摸后,露出了喜爱的神情。张莉接着问道:"冒昧问您一下,您从事什么工作?""我从事外贸谈判工作。""太好了!这件衣服真是太适合您了!在谈判过程中,除了让人感觉到很有气质之外,还要让对方产生一定的敬畏感,这是十分必要的,不是吗?""你说得对,我试试吧。"

顾客本来没有购买连衣裙的欲望,但张莉先后从身材、气质、职业等多方面逐层推进,步步为营,最终说动了顾客。顾客都有"不买贵的,只买对的"的消费心理。一个理由不能说动顾客,但十个理由的步步逼近就可能会让顾客心动。销售员可以从顾客的穿着打扮、仪表神态或通过发问入手,说出顾客应该购买商品的理由,从而燃起顾客的消费欲,实现对顾客的"俘获"。

舍小谋大，盘活顾客的消费欲

某制片人成立公司，做自己的节目时，拉广告非常困难。而且，辛辛苦苦做出来的节目也没人认可。一次，某制片人帮某栏目做节目策划。吃饭的时候她和某栏目领导说："今天我在这儿吃饭，可我公司还有一帮人没饭吃。我这里有一档已经做好的节目，和在播的娱乐节目相比，绝对好看。可到现在还没'嫁'出去呢。你们能不能先看看节目录像，如果觉得节目不行，我二话不说；如果觉得可用，那就白送你们了，你们赚多少钱我分文不取。日后我们合作的时间长着呢。"领导见该制片人说话爽快，为人仗义，就喊来相关人员审节目，结果真的过审。

该制片人"舍小谋大"，把自己的节目白送人，自找亏吃，却做成了大买卖。俗话说，"放长线才能钓大鱼"。懂得取舍才能实现更大的目标。销售人员善于放眼全局，看到小生意背后的大生意，把眼前的一点好处让给顾客，便能盘活顾客的消费欲，让顾客将来不由自主地买你的更多、更贵的东西。这种"舍小谋大"成本低，效果却非常显著，值得一用。

"卖鱼钩又卖轿车"是一种让单一客户实现"价值最大化"、

不断卖出的过程,它是以超强的销售口才为前提的。我们要想把自己的销售工作做出这种效果,除了需要掌控揣摩顾客心理的能力,你必须在实践中练就一流的销售口才。

巧妙转移，化解客户的压价难题

作为卖家，遇到客户压价是再正常不过的事。如果你满足客户要求，就会影响产品的利润；如果你坚持定价，又可能开罪客户。其实，这时候只要我们了解到客户压价的原因，然后完美地解释我们为什么不能压价，常常能起到很好的效果，让客户毫无怨言地签下订单。

客户因害怕吃亏而压价，要把话题转到别的卖家

彭波在小镇上开了一家电脑店，一天，店里来了一位中年男子。男子姓陈，是个自由撰稿人，为了写稿和投稿方便，便想买台电脑使用。可是，陈先生对电脑根本不懂，虽然在听了彭波的介绍和指导后，对电脑感到非常满意，但他还是压价说："3500元太贵了，3000元

还差不多。"无论彭波怎样说明电脑的功能和配置值得这个价，陈先生始终不肯改口。最后，彭波平静地对他说："陈先生，这样吧，您若认为3000元可以买到我这样的电脑，我建议您到其他电脑店咨询一下价格，所谓'价比三家'嘛，倘若我们店确实要价高了，我就按差价的两倍退钱给您，您看如何？"陈先生看彭波说得那么斩钉截铁，觉得电脑店的售价应该也没有水分，于是主动放弃自己不合理的要求，以3500元买下了那台电脑。

买家的心理自然是想"用最低廉的价格购买到满意的商品"，但是因为不懂行情，他们在购买商品时，总害怕受到价格欺诈，这是一种常见的大众消费心理。陈先生不懂得电脑市场价格，害怕挨"宰"，所以狠劲地压价。而彭波很好地把话题转到别的卖家来，告诉陈先生别的卖家的电脑不可能比自己店里的价格低。陈先生了解到行情后，自然就不会再不松口了。

客户因贪小便宜而压价，要把话题转到别的买家

一位三十来岁的女顾客是药店的常客。她和一般顾客不同，挑选品种时虽很爽快，却好压价，每次都要求优惠一两元钱。一天，她来买一条(五瓶)21金维他，21

金维他标价18元/瓶，差价只有0.5元/瓶，但她非说17元/瓶才买。营业员给她看进货发票，她说："讨价还价是正常的，谁知道你们是以什么折扣进的货？"营业员说："您是我们药店的老顾客了，我怎么敢跟您漫天要价呢？您有所不知，上周我回家的时候，给我母亲也捎过两瓶21金维他，都是按18元/瓶的价格的，还有你们那楼的李老太太来买，也都是这个价，不信的话，您可以去问问她。我保证，这确实是全市的统一零售价。"顾客见营业员说得有理有据，也就不好再说什么了。

不管你定价如何低，顾客也是习惯于要讨价还价的。这位顾客的要求确实让营业员"进退两难"：若按照顾客的指定价格出售，药店净赔0.5元；若按照正常的销售价出售，肯定又让顾客很不满。在这种尴尬的处境下，营业员把话题转移到别的买家上，明确告诉她任何买家都是这个价钱。顾客知道事实后，必定无话可说。

客户因预算不够而压价，要把话题转到别的产品

饭店老板马先生，经常到对面的商店购买食用油。

一天，他又要来买100瓶食用油。可是，由于近段时间食用油被炒得很热，利润空间很低，平常卖28元一瓶的2L食用油，现在卖30元一瓶。马先生生气地表示："平常都是28元一瓶的，他的预算也就是2800元。如果涨价了，就不够了。"营业员友好地告诉马先生："如果您觉得这个价格不合适的话，根据您给饭店购买食用油的需要，我建议您改换这种品牌的吧，这个价格是28元，也是2L的，您看怎么样？"马先生看了看另一个品牌的，虽然价格确实可以便宜两元，但是和原先用的品牌比，这个没用过的不知道质量怎么样。这样细细算下来，马先生觉得还是保险点比较好。于是，最终还是决定买那个品牌的食用油。

买家因为预算超支而向卖家压价也是经常发生的事。马先生以前买食用油都是每瓶28元，但因为价格提升了，超出了预算，导致他压价，希望照原来的价格购买。但是，这位营业员却很聪明地推荐店里类似作用但价格相对较低的产品代替。这样一来，就给了马先生最大的选择。等顾客经过比较后，相信顾客最终还是会选择最适合自己需要的产品的。

客户因价高而压价，要把话题转到别的价值

小刘在一家儿童玩具商场当推销员，一对年轻夫妇来到商场，想为他们五岁的孩子买一辆可以在房间里开的玩具车，但当他们听到小刘推荐的那辆玩具车需要3000块时，表示虽然很喜欢可价钱太贵。他们说只想买辆玩具车给小孩骑着玩，普通的玩具车就可以了。所以，他们一直讨价还价。对此，小刘告诉他们："这辆玩具车虽然比别的玩具车贵一点，但是我们要看这辆玩具车的好处啊，你们看，这辆车设计得非常巧妙，不但容易开，而且最重要的它有安全保护。不是有很多孩子在骑车时撞翻了吗？像这辆玩具车就绝不会出现那样的情况。我相信你们做父母的不只是希望孩子可以玩，更希望孩子可以放心地玩吧。"夫妇俩见小刘说得不无道理，便买下了那辆玩具车。

买家觉得价格太贵，往往只是因为觉得购买配置太好的东西没有必要。这对夫妇本来就想买一辆一般功能的玩具车就好了，所以他们觉得小刘推荐的高级玩具车价格太贵，一直压价。小刘巧妙地把重点转到玩具车的另一个层面来，即它的安全性。正因为他指出父母不只是希望孩子可以玩，更希望孩子可以放心地

玩，最终让这对年轻夫妇买下了玩具车。

　　作为卖家，一定要学会沉着应对买家的压价问题。要先了解顾客压价的原因，然后通过转移话题，巧妙地解释产品定价的合理性，这样，才可以从价格上消除顾客的顾虑。

推销吃到闭门羹，怎么办

心理学家为了完成一个心理试验，请来一些大学生。首先，他向大学生提出这样的请求："你是否愿意参加我们的青年志愿者计划呢？参加的话，今后两年中你必须每周进行两个小时的志愿活动，而且没有任何报酬。"几乎所有被调查的大学生都拒绝了这一请求。于是，心理学家又提出了第二个相对小一些的请求："那你愿意只抽出一下午的时间，带孩子们去逛公园吗？只一次就行。"结果，一多半的大学生接受了这个请求。

心理学家的第一个要求被大家拒绝后，他退而求其次，向大家提出了低一些的请求。大家由于感到自己没有能够帮助别人，辜负了别人对自己的良好愿望，心感内疚，为了恢复在别人心目中的良好形象，也达到自己心理的平衡，便欣然接受了第二个小一点的要求。在商业往来中,自己的请求或建议被对方拒绝是常有的事,我们经常把这种情况称为"闭门羹",那面对"闭门羹",我们就该打退堂鼓吗?当然不是,我们完全可以寻求别的途径加以解决。

　　3年来,周景明每星期都带着自己设计的服装款式,去拜访一位著名的服装设计师。这个设计师从不拒绝见他,但从没有买他的东西,每次都仔细地看了他带去的草图,然后很遗憾地说对不起。多次失败后,周景明又带着几张没有完成的草图去见设计师,说:"我想请您帮个小忙,这里有几张没有完成的草图,您是否愿意帮助我完成,以符合你们的要求?"设计师看了看草图,然后说:"你把草图放在这里,3天后来找我。"3天后,周景明去见设计师,听了他的意见,把草图带回去,按照设计师的意见完成。结果,设计师全部采购了这些样式。"我一直希望他买我提供的东西,这是不对的。"周景明后来总结说,"他提供了意见,他就是草图的共同设计人,也就相当于他买了他自己设计的东西。"

周景明希望设计师采购自己设计的服装款式,却屡屡无功而返。于是,他改变策略,以求助的方式,请设计师参与到自己的

赢得人生的实用口才

设计工作中,并积极听取了他的意见。结果,设计师很高兴地把自己设计的产品全部买走。因此说,当对方拒绝购买自己的产品时,可以出言相邀,把对方变成产品的生产者。让对方感到"幸福",从而答应你的条件。这其实就是针对对方的心理,对症下药。在商业合作中,这不失为一种好的方法。

> 希先生为发展自己的事业,打算建造一座豪华的饭店。饭店开工不久就出现了资金问题,希先生一时无法支付材料费和工钱,于是,他便求助于卖地皮给他的地产商杜德:"杜德先生,我的房子没钱盖了。""那就停工吧。等有钱的时候再盖。"杜德一句话就拒绝了希先生要借钱的想法。但希先生没有走开,而是接着说:"我的房子半途而废,受损失的将不是我一个人。事实上,你的损失可能比我还大。如果我的房子停工不盖,那这房子附近的那些属于你的地皮的价格一定会下跌;如果我再宣扬一下,饭店停工不盖,是考虑另迁地址,你的地皮就更卖不上价钱了。"见杜德缄默不语,希先生接着说:"但如果你出钱把饭店盖好,我再花钱买你的,这样,饭店的房子不停工,你附近的那些地皮的价格就会上涨,如果我想办法宣传一下,说不定你的地皮价格还会暴涨呢!"杜德听罢,痛快地掏出了腰包。

身处困境的希先生想请杜德出钱帮自己盖房子,但吃了"闭门羹"。他没有泄气,而是转而提醒对方,如果自己的房子停工,周围属于对方的地皮就会跌价。鉴于自己的利益和希先生的利益息息相关,杜德为了保障自己的利益,最终同意出钱为希先生盖房子。商业往来中,当自己的请求被对方拒绝后,可以抓住双方利益攸关这一特点,向对方说明利害关系,从而,使对方为了自身的利益而不得不答应你的请求。

一位汽车商人带着顾客看了很多部车子,顾客总是不满意,一会儿说这不合适,一会儿又说那不好用,一会儿又说价格太高……最终顾客也没买他的车。几天后,有人希望把自己的旧车子换辆新的,请商人代卖,这时商人就又打电话给之前的那位顾客,请他过来帮个忙,提些建议。顾客来了后,商人对他说:"你是个精明的买主,非常懂得车子的价值,你能不能看看这部车,试试它的性能,帮我估算一下别人能出多少钱买这部车。"顾客觉得汽车商把自己当作行家了,很高兴,非常认真地检查,并进行了试车。然后建议说:"若有人出3000美元买的话,应该是买卖双方都划得来,很容易成交。"商人适时说出了自己的想法:"我如果按这个价钱把这部车卖给你,你是否愿意买呢?"顾客想了一下,很快同意了。

赢得人生的实用口才

汽车商人单纯把顾客当作买方来看,向其推销汽车,顾客挑三拣四,始终不肯出手。后来,汽车商人把顾客当作行家去请教,对方感觉脸上很有光,不但积极提出自己的看法,而且以自己提出的价格买下了那部车。销售中,当对方对产品很挑剔时,我们可以调整双方的买卖关系,把对方当作行家去请教,满足对方表现欲的同时,对方也会为证明自己而买单。

吃到对方的闭门羹,原因可能有很多,当然,很多时候也与你没有对症下药、投其所好有关。如果我们能考虑到对方的利益、心态等方面的因素,用实际行动打动对方,对方的大门就会很快为你打开,欢迎你的到来。

顾客嫌贵，帮他看清潜在价值

很多销售员遇到过这样的情况，顾客很喜欢产品，却觉得价格太贵，犹豫不决。这时，你该怎么帮顾客下定决心呢？

一对未婚夫妻到影楼挑选婚纱照，低档的都不太满意。王斌向他们推荐了去三亚拍摄的高档婚纱照，顾客很喜欢。可当谈到价格时，顾客说："太贵了，这么多钱，都够我们两个去三亚旅游一趟了！"王斌说："我们的套系里也包含旅游的项目。平时您花再多的钱报团旅行，拍下来的照片发到朋友圈，真正看的有几个？可婚纱照不同，亲戚朋友们都会去看。您自己甚至将来的孩子都会经常翻看。可以说，这可能是您这一辈子里曝光度最高的一套照片，为什么不给自己一次当'影帝'的机会？选用我们的服务，您在旅游的全程中都有专业的摄影师和造型师跟随，为您留下最美好的瞬间和回忆。报旅行团，哪有这样的服务？"顾客听了，决定购买。

顾客嫌贵，王斌告诉对方，这是他人生中最重要的一套照片，应该留下宝贵的回忆，帮助对方下定了决心购买。产品本身的价格可能比较高，但却对顾客有着独特的意义，是顾客最需要的。这时，你应该根据顾客的实际情况，帮他发掘出这款产品对他的意义和潜在价值，帮助顾客下定购买的决心。

孙晨是一位汽车销售员。一位顾客来买车，相中了一款价格在二十万元左右的汽车，看了半天却叹气说："太贵了，平时上班开，没必要买这么好的！"孙晨说："一分价钱一分货，这是品牌汽车，它贵是贵在了质量上。您买一辆特别便宜的汽车，也能开。但开不了多久，就容易出质量问题。咱们上班都挺忙的，您开着不舒服不说，还得三天两头地修车，谁受得了？这辆车虽然稍微贵一点，但它的质量有保障，很多车一直开到报废都不怎么需要修！咱们买大件，都是要用很长时间的。应该首先考虑产品的质量和耐久性。买的时候可能多花一点钱，但以后就会省去很多维修的费用，更会省去很多麻烦。"顾客听了孙晨的介绍，决定把这辆车买下来。

孙晨从车的质量说起，告诉顾客这将为他省去修车的钱和时间，说服了对方。很多产品之所以贵，是因为它的质量好，有保障。而这点在顾客购买后才会体现出来。作为销售员，我们应该有长远的目光，帮助顾客设想购买后的使用情况，使其认识到多花钱买一个质量有保障的产品才是最划算的！这样才能帮助顾客下定决心购买。

有一位顾客来挑选床垫，姚杰帮他推荐了一款高档床垫。顾客说："好是好，就是太贵了！"姚杰说："人一生中有三分之一的时间是在床上度过的，而且这三分之一的时间对人的身体是有非常重要的影响的。我以前就图便宜，买了一个质量差的床垫子，结果用了没多长时间就软了。舍不得扔，就将就着用，结果睡时间长了，成天腰疼。我一咬牙，就换成了这个牌子的，每天都睡得特别香。科学研究表明，过软或者过硬的床垫，对身体都不好。而我们这个品牌的产品虽然贵一点，但是它软硬适中，用再长的时间也不会变软或者变形。不但能提升睡眠质量，对身体也非常有好处。我觉得，选床垫，就是在选健康，为了自己和家人的健康，哪怕多投入一点，也是值得，您说是吗？"

赢得人生的实用口才

很多产品是和顾客的生活息息相关的，甚至会关乎顾客的健康和安全，而这恰恰是顾客最在意也最关心的。从这个方面入手，告诉顾客，你的产品对他的身体健康的重要意义，对他生活品质提升的巨大作用，帮助客户认清产品的潜在价值，即使贵一点，顾客也会愿意去购买一件更放心的产品。

当然，帮助顾客发掘产品的潜在价值，必须以诚信为本，这种价值必须是客观存在的。不能为了开单而忽悠顾客！

客户出价过低,如何出言化解

谈价是客户低价追求与营销者高价追求的矛盾博弈过程,面对客户过低的价格要求,营销者要与之谈判,但如果生硬拒绝,只会导致一拍两散,营销失败。那么,当在生意场上遭遇到这种情况时,我们该如何出言化解呢?在此,笔者建议大家不妨试试以下几个方法。

幽默拒绝法

有位顾客购买一套沙发,李虹负责接待。顾客觉得沙发有点贵,提出 25000 元才肯买。李虹笑着说:"人家都说商家宰顾客,大姐,你这是反客为主啊,要宰我啊。这一刀可砍破我的底线了。"顾客问:"那你的底线是多少?"赵虹说:"不瞒大姐说,一般在谈价过程中,我先报普通朋友价，是 30000 元，顾客再砍，我就给好朋友价 28000 元。再砍，我就给亲人价 26500 元。大姐，就是我亲姐姐来买也是这个价，再低，就得我自己搭钱了，哪有这样的亲姐姐？"李虹一番话，说得顾客也笑了起来。两人接着又谈了一会儿，最终以 26500 元的价格成交。

面对顾客的低价要求，李虹在谈判时话语幽默诙谐，为谈判首先创造了愉悦的气氛。26500 元是李虹的底线，她将此比作是亲人价。言外之意，即使我的亲人来买也是这价格，我拿你当亲人对待。这样的话语显得有亲和力，更容易获得客户的信任。使用幽默拒绝法，可以避免客户的难堪，使你的拒绝不会显得唐突和生硬，使谈判能顺利进行。

附加条件法

孙丽敏是一家报纸的广告部经理，她最近和一位客户谈一个广告的价格。客户要刊登二分之一版的广告，时间为两周，出价 40000 元。孙丽敏说："40000 元，平均一周是 20000 元，这个价不是不可以，但前提是至少登一个月的，就是 80000 元，每周平均 20000 元。我给您的价格两周 46000 元,这是老顾客的价格。如果您不信,可以去找找广告公司,看看他们要什么价格。"客户合计了一下,给出 45000 元的价格,最终,双方顺利成交。

孙丽敏在谈价中使用的就是附加条件法,将客户的价格平均开来,每周 20000 元,实现这个目标是可以的,前提是刊登一个月的广告。附加条件法就是不直接否定客户的价格要求,而是提出一个或多个条件,让客户的要求成立。这种方法的重点不是给客户出难题,而是委婉地告诉客户,他的要求在现有条件下是难以满足的。既给了客户一个选择的余地,又让客户看到你的为难,唤起客户的同情心理。

利益补偿法

李凯是一家度假村的推销员,得知一家公司要开年终联欢会。李凯找到该公司的孙经理,向其推销一个套餐活动。孙经理觉得每人 330 元的价格偏高,要求在 300 元以内,不肯让步。李凯说:"孙经理,这样吧,我们再为每位员工增加 50 元的娱乐券,持此券可以在我们度假村娱乐,开沙丁车、打高尔夫、玩真人 CS 等。让员工玩得开心，多花一点钱是值得的。如果按照您的价格，钱少，我们提供的服务就少，档次也上不去。员工玩得不尽兴，您的钱白花了。您为每位员工多花几十块钱，换来的是员工对您的感谢，对公司的感恩，值得啊。"最终，孙经理同意每人平均320元。

面对孙经理出价和自己的要价差距很大，李凯提出给员工增加娱乐券，让员工玩得更好，并讲明多花几十块钱和少花的结果对比，使孙经理做出了让步。这就是利益补偿法。在不违反原则，客观条件允许的前提下，适当地在其他方面给予客户一些利益补偿，以促使顾客让步。这种方法实际能满足顾客的成就感，觉得自己的坚持得到了回报，从正面鼓励其做出让步。这就是许多商家在营销中给顾客一些赠品的动机所在。那些赠品其实就是利益补偿。

链接证据法

胡新明是一家名牌空调的推销员。有位客户要买4台空调，希望能在价格上优惠，每台空调要求是2400元。客户以自己要的数量多而不肯让步。胡新明说："您的价格确实偏低，'十一'期间，我们搞促销，价格还没有低于2600元的，七天假期共卖出60多台。还有上周，多名顾客组成一个团来团购，共要30台，价格也是2600元，如果您不嫌麻烦，我把这些订单都能给您找来，看一看您就会明白了。2600元，已经是给您很大的优惠了。"胡新明说完这番话，客户不再坚持自己的价格了，开始让步。

证据是最有说服力的。如果你不能说服客户让步，那就拿出证据给他看，以此来证明他的出价打破了你的底线，你无法承受。胡新明在谈价中拿出两个证据，"十一"促销的价格和团购的价格，都高于客户的出价。团购的数量远远多于客户的4台。这样就消除了客户认为自己买的多而要坚持便宜的心理，促使客户做出让步。需要注意的是既然是证据链接法，你的证据要是真实的，而不是仅仅自己嘴上说说，实际上拿不出来。那就是对客户的欺骗。

商务场上，讨价还价是无法避免的事，任何一方，都希望获得最大的利益。因此，总有人把价格压到很低很低，甚至低得毫无道理可言。此时，我们不能被对方牵着鼻子走，而是应该随机应变，运用各种谈话策略，争取主动权，把价格定在一个我们能接受的范围之内。

面对客户的拒绝,你怎么说

对于做商务推销的人士来说,最令他们头疼的是客户的拒绝,客户随便说个借口就很自然地把你拒绝了。卡耐基说:"如果你不能破解客户的拒绝,你卖不出一件商品,哪怕你的商品确实不错。"面对客户的拒绝,你该怎么说呢?

先声夺人法应对拒绝

先声夺人法指的是,推销员在推销过程中,看到客户有拒绝的征兆,比如客户表现出不屑一顾、视线游离等,在客户尚未提出拒绝时,就有意把某些问题提出来并作适当的答复。这是一种先发制人、争取主动的方法。

一位营销员在向一位年轻的母亲介绍婴儿内衣的情

况后，看出这位母亲不在意、不感兴趣后，说："婴儿的皮肤娇嫩，每位母亲在为孩子选内衣的时候最在意什么，首先考虑的是材质，不刺激孩子皮肤，对吧？这些内衣全部是纯棉做的，手感非常柔软，不会刺激孩子的皮肤，您摸摸看，包您满意。"面对营销员递上的衣服，这位母亲摸了摸，来了兴趣，和营销员谈起价格来了。

这位营销员有意提出一个问题，自问自答，以此引起了客户的兴趣。她所提的问题正是客户所关注、担心的。营销员主动提出，既能和客户建立沟通的契机，又能介绍产品的优势。更重要的是在客户拒绝前抢先提出问题并给出回答，避免了去纠正客户的看法，或反驳客户的拒绝，避免发生争论，为赢得客户的信任奠定了良好的基础。

优点补偿法应对拒绝

优点补偿法又叫抵消处理法，是指营销员在承认客户的拒绝具有合理性的基础上，运用口才艺术，说明营销商品的其他优点，以优点抵消或补偿缺点。

房屋销售顾问肖华带一对情侣看房子，这对情侣发现房子在小区最后一排，小区后面不远是火车道，便提出看其他房子。肖华说："这个小区就剩后面这一排的两户没卖了。这最后一排的房子比其他房子每平方米便宜500块钱，合8500块一平方米，这周围没这么便宜的。你们如果买下来，这110平方米省55000块啊。房价省，相应的各种税也省。再说这火车道并不繁忙，白天也就十几个班次的列车经过，你们白天都在上班，无所谓了。晚上10点之前有三班火车，也就一眨眼的工夫，影响几乎可以忽略不计。省出来的钱够你们装修了。多划算啊。"这一番话打消了客户的顾虑。

优点补偿法的好处在于，承认客户的拒绝理由正当合理，给人实事求是的印象，增强客户对你的好感。通过你的提示和分析优点，抵消不足，容易使客户心理平衡。客户充分认识到物有所值后就会采取购买行动。需要注意的是，营销员必须要淡化客户的拒绝，减轻客户对拒绝内容的重视程度，在强化优点的同时也要弱化客户所认为的缺点，不可只讲优点，对缺点只字不提。

间接否认法应对拒绝

间接否认法是指在对待客户拒绝时，先以诚恳的态度肯定客户的拒绝，然后再以简练生动的语言陈述自己的观点，以避免客户产生抵触情绪，使客户更容易接受。

在某一商场，一位营销员向一位女士推销化妆品。女士直接说："我皮肤很好，不需要化妆品。"

营销员说："是啊，您的皮肤真好，白皙而有光泽，真是天生丽质啊！您确实不需要化妆品。不过，我们的精华素系列产品不是化妆品，而是护肤品，您的皮肤是很好，可不能忘了保养，皮肤也像我们人一样，需要喝水，吃饭，睡觉，再加上随着年龄的增长，环境的污染，问题食品的出现，我们的皮肤受损的可能性增加，所以需要好好保护啊。"营销员的讲述让这位女士动心了。

以退为进法应对拒绝

以退为进法是指，当遭遇客户拒绝时，先做出退让的姿态，消除客户的警惕性和顾虑心理，再迂回进取。

曹爽向一位母亲推销一份教育储蓄险。这位母亲说：

"我不想投保,不想把自己辛辛苦苦挣的钱交给别人。"

曹爽看了看她身旁的小姑娘说:"这孩子真漂亮,瞧这双大眼睛,就像会说话,太可爱了。"

母亲说:"谢谢。"

曹爽说:"现在的孩子真幸福啊,无忧无虑,想要什么有什么,就连他们的将来都精心准备好了。尤其是教育方面,您说是吗?"

母亲说:"可不是吗,现在的孩子真是用钱堆出来的。"曹爽说:"一点不错,您女儿现在还小,今后她要上小学、中学、大学,还可能要出国留学,培养一个孩子要花很多钱,您今后经济负担很重啊。您一看就是目光长远的人,现在应该考虑给孩子买教育险了,以避免将来的压力。"最后,这位母亲开始咨询了。

以退为进是营销中常用的一种方法,当客户拒绝时,如果你继续前进,强行推销,那只会让客户的逆反心理加强,甚至对你产生厌恶感。曹爽在被拒绝后,转移话题,夸赞小女孩漂亮,看似不再推销,实际上是在为接下来谈孩子的教育做铺垫。这样的以退为进,悄无声息地引导客户对自己的营销产品感兴趣,是应对拒绝的好方法。

营销员遇到拒绝是很正常的,毕竟客户是买方市场,地位相对强势。只要面对不同的客户，或者面对客户不同的拒绝理由，找到不同的方法去应对，营销成功的概率就会大增，如果因为客户的拒绝就偃旗息鼓，或者强行推销，那只能是失败。

可别被客户牵着鼻子走

谈生意,双方自然都想尽可能多地争取到利益。但很多时候,一些人由于害怕生意不能成交,总是对客户的要求一让再让。然而,一味地迎合客户,会发现客户的要求变来变去,搞得自己很被动,自身的利益越来越小。这主要是因为,自己在谈判中被客户牵着鼻子走了。

太平天国覆灭之后,朝廷便大规模裁军,就连慈禧太后赏了黄马褂的将军也不能幸免。有些军人迫于生计,纷纷拿出黄马褂来典当了换钱。于是,有个姜姓军人在上级领导的授权下回收黄马褂。一天,柜下来了一位退伍军爷,吆喝着典当黄马褂。可姜大人一看,却发现是假的,但他没有说出来,而是向柜内高喊:"黄马褂一件,当二分纹银,启账!"军爷怒道:"为什么这么便宜？难道你敢说这黄马褂是假的吗？"姜大人说："这黄马褂当然是真的。只是您这属于江宁马褂，和京城马褂价格不一样。我们柜上收的江宁马褂都是二分纹银一件。如果您需要用大钱，就当别的吧。"军爷没占到便宜，拿着他的假货灰溜溜地走了。

姜大人如果说黄马褂是真的，就必须高价买下，如果说是假的，就是藐视军爷，不管怎么说，其实都会被军爷牵着鼻子走。但姜大人非常聪明，他用"江宁马褂"和"京城马褂"加以区别，指出货有两样，让对方没有办法找碴儿，不得不服。做买卖，说话有所避讳，不与对方较劲，让对方牵不到你的"鼻子"，抓不到你的口实，生意就会按照你画的道道走。

威尔逊在凯特比勒公司当销售员。一天，一位顾客前来购买牵引机，威尔逊报价2.4万美元。顾客说："一般的牵引机只卖2万美元，你们怎么多要4000美元？便宜点吧，不然我们要不起。"威尔逊听后，拿来报价单给顾客看，说："请您先看看值不值这个价格吧。我们与市场上同一型号的牵引机价格相同，都是2万美元；但是，我们还花了3000美元让产品更耐用；2000美元让产品性能更好；还有1000美元是保修期更长而多付的价格。也就是说，这个牵引机总价本来是 2.6 万美元。我们只收 2.4 万美元，其实是给您的优惠。我们根本没有多收您的钱，而是您花 2.4 万美元，买了 2.6 万美元的产品。"顾客一听，马上就下单了。

威尔逊销售的牵引机价格比市面上的高，若没解释清楚，很容易就会让顾客揪住这个点，继而被牵着鼻子走。但威尔逊还没容顾客纠缠，便照单细报，说得有理有据，令对方接受了报价。当下的消费者，并非什么便宜就买什么，也不稀里糊涂地接受高价。为了不让对方牵上"牛鼻子"，就要摆出清晰的事实，让客人无法反驳，这样，你也就更容易成功销售。

20 世纪 50 年代，李嘉诚塑胶厂的塑料花供不应求。一次，却有一位叫作谭红的中学后勤主任来找李嘉诚定做 1000 只塑料盆，想作为寄宿生的洗漱用具发给学生。李嘉诚答应了下来，并很快就生产出了样品。李嘉诚和谭红谈合同事宜，不料，谭红却说："你要价太高了，塑料盆怎么和搪瓷盆一样贵啊？"李嘉诚忙说："我虽然没卖过这类产品，可市面上的东西我还是清楚的。塑料盆的原料都是台湾新厂的颗粒，绝对上乘。如果说比不了搪瓷盆的话，那就是塑料盆怕火，而搪瓷盆不怕。可您知道吗，塑料盆不怕摔，掉在地上也摔不坏。"说着，李嘉诚便抄起塑料盆，"啪啪"地往地上摔得巨响，然后拿起来让谭红细看，塑料盆没有半点损坏。接着，李嘉诚说道："这次，我们的原料成本和人工成本都不算少，利润自然比塑料花少。如果您没意思要，我们就当这套模具白做了，省下原料用在塑料花上，我们还可以多赚些钱呢。"谭红说："要！1000个，一个不能少。"

李嘉诚已经投入资金做出了样品，自然就不会轻易不生产了，谭红正是看准了这点，才敢临时嫌价格贵，其实就是想牵着李嘉诚的"鼻子"走。但李嘉诚没有被其"制伏"，而是先用事实反驳了对方说的搪瓷盆比塑料盆好的观点，然后指出如果对方不要这些产品，也不会对自己产生影响。对方发现自己的伎俩无法得逞时，只好急忙答应。现实中，客户对你的产品质量纠缠不休，多半是想在价格上压一把。如果你没有反驳对方的说辞，就等于被对方牵上了"牛鼻子"。因此，你绝不能服软，而是应该据理力争，赢得谈判。

郦达辉所经营的桶装水公司信誉好，市中心医院也看中了这点，便派张主任前来洽谈送水事宜。因为医院有上百个房间，桶装水用量大，所以，郦达辉一开始就向院方报了最低价。哪知道，张主任要求说："我们需求量这么大，价钱我也不跟你计较了，但你们应该提供一点增值服务啊。这样吧，你安排个人，我们医院哪个房间没水了，就给换上。"郦达辉说："不好意思，我都是算的最低价给你们送水了。所以，换水问题你们必须自己解决。如果我们负责搞，那个价钱就不行了，每桶水至少提价1元。"张主任一合计，觉得还是用郦达辉的人扛水合算，比院方雇人强多了，生意就这样成交了。

洽谈中，郦达辉按照常规报一个最低的水价，院方没有在价格上纠缠，却要求有人负责换水，随叫随到。毫无疑问，郦达辉也像被张主任牵了"鼻子"，好在他没有被套住，而是以加价脱了身。谈生意时，对客户的服务有所承诺是应该的，但你必须把握住度，对你做不到或是做了会亏本的，一定要封死口，不能任由客户摆布。唯此，你才能占据有利的一面。

每一桩生意都该是两利双赢的，但不容否认的是，谁都想赢得更多。因此，很多客户就会千方百计地用话语给你下套，希望抓住你的"牛鼻子"，然后牵着你团团转。如果对这一点估计不足，你就可能给自己带来灾难性后果。所以，在谈生意时，务必要小心谨慎啊。

怎样化解客户的负面情绪

刘成辉去一家影楼订婚纱照,影楼的销售主管热情地接待了他,还说:"在咱这儿,您就放心吧。您有什么要求,只管提,一定让您满意。"刘成辉高兴地交了订金。两天后,刘成辉又来到了影楼:"我们不想在市内公园拍外景了,想去郊区的风景区拍,可以吗?"销售主管说:"那怎么能行!"刘成辉说:"你说的,有要求尽管提。"主管说:"我们也是有成本的啊,不能你提什么要求我们都满足啊!"刘成辉生气地说:"你当初可不是这么说的,大不了我不在这儿拍了,退钱!"主管说:"交了定金,就等于签了合同,你单方面违约,这定金我们可是不退的!"一副你爱拍不拍的样子。刘成辉生气地拂袖而去!

赢得人生的实用口才

很多客户在购买服务或商品时，都有这样的体会：交钱的前后，销售人员态度简直是两重天。本来高高兴兴去消费，结果花钱买了一肚子气回来。这样的商家，下次你还会光顾吗？"我绝不会让顾客带着负面情绪离开，他心情不好，就算你把东西强卖给他，他下次也不会再来；他带着负面情绪来，你却让他愉快地离开，即使他这次不买东西，也会记住你，以后常常光顾。"一位营销高手在总结自己的成功经验时如是说。由此可见，我们不仅不能让客户因为我们而产生负面情绪，甚至当顾客带着负面情绪而来时，我们也要想办法帮其消解。

张志明和新交的女友一起去逛商场。在看男装时，看错一件高档衬衫的标价牌：错将1500元看成了150元。他很喜欢那件衬衫，结果交款时，才发现看错了标签，一时进退维谷：买吧，太贵；不买又觉得在女朋友面前没面子。心里十分懊恼，还说："你们这是什么商场，连标价牌都写不清楚！"导购员说："很抱歉因为我们的原因给您造成麻烦。其实这件衬衫真的很适合您，不过美中不足的是，这件衬衫更正式一些，而我看您的穿衣风格，却更休闲一些。那边还有一款衬衫，和这一件的款式很接近，不过更休闲一些。而且正在搞促销，打完折才200多块。当然，您肯定不是为了图省钱，不过咱出来买衣服，价格倒是其次，关键是要适合自己，您说不是吗？"张志明看了看那款衬衫，也很喜欢，高兴地买走了。

张志明自己看错了价格标签，又怕在女朋友面前丢面子，因而十分懊恼。导购员通过真诚地表达歉意，推荐更加合适的商品，缓解了尴尬的气氛。而那一句"价格倒是其次，关键是要适合自己"，巧妙地给了张志明台阶，顾全了他的面子，化解了他的负面情绪。当客户由于某种原因遭遇尴尬，从而产生负面情绪时，我们应该及时帮他找个台阶，保全他的面子。同时，"量身推销"，帮他选到合适的产品，消除客户的负面情绪。

陆伟想竞标一家大公司的广告订单，和对方的谈判代表丁越谈判。陆伟早就做好了方案，可每次刚谈一点，丁越就又忙其他的事去了，谈判一拖再拖。结果，丁越因为做事拖沓被老总痛骂一顿，这才马上约了陆伟继续谈判。谈判时，丁越反而迁怒于陆伟："都是你们方案做得太慢，害我被痛骂一顿！"陆伟马上赔笑道："是我们不对，害您受气。"他接着说道："其实我特别能理解您的心情，您为了公司，兢兢业业，对方案也是精挑细选。就像这次，也是为了认真审查我们的方案，挑选适合贵公司的合作伙伴，您才会花费那么长时间。什么东西，都想自己先做到完美，才敢拿给领导看，可领导总有挑剔的理由！不过这次您放心，以后的合作过程中，我们一定加快进度，精心准备方案，绝不能再让您因为我们方案的事受批评。"丁越看陆伟态度这么诚恳，气也消了，谈判顺利进行。

丁越被批评，迁怒于人。陆伟不但不生气，反而主动将责任揽到自己身上，并对丁越的心情表示理解和宽慰，顺利化解了丁越的负面情绪，使谈判顺利进行。我们并不是说任何时候都要委曲求全。但是，当面对客户的负面情绪时，我们与其针锋相对地反击，不如像对待朋友那样，多一些包容和耐心，去理解他的心情，安抚他的情绪，这样往往能拉近和客户的距离。

单晶晶代表公司和一家企业谈一笔销售合同，价格一直谈不拢。对方谈判代表徐寅有些急了："同样的产品，你们给洪辰公司的价格就是六折，凭什么到我们这儿就一定得六五折呢？"单晶晶回答："洪辰公司是因为大批量采购了其他产品，因为其他产品利润高，这种产品，我们几乎是赔钱供应的。单独采购这种产品的，绝没有低于六五折的价格。您说咱们两家公司是多少年的关系了，我们什么时候给贵公司要过高价？当初贵公司经济出现问题，付不起货款，可我们公司从未中断供货，一直到贵公司渡过难关；有人造谣我们公司的产品质量不过关，也是贵公司主动站出来，为我们澄清……来之前我们领导也特意交代：'如果徐总因为价格的事有疑问，你一定要跟人家解释清楚，千万别因为这点小事，影响了两家公司的感情！'我们真诚地希望能和贵公司长久合作下去，怎么会给您算高价呢？"徐寅最终点头同意。

徐寅由于无法得到自己满意的价格，而有些生气。单晶晶及时解释清楚情况，并通过两家公司之间由于长久合作而建立起来的信任和感情，化解了对方的负面情绪。有时候，感情是化解负面情绪的良方。面对客户的负面情绪，你不妨转换话题，谈谈双方之间的感情：你和对方谈判代表的私人交情、两家公司之间的交情等。这样不仅能缓解气氛，也能增进双方的信任度，为谈判奠定良好基础。

只想要把产品销售出去，而不考虑客户的感受，你会做成"一锤子买卖"。如果你想赢得一个长期、稳定、忠诚的客户，那就不要让客户带着负面情绪离开。

让顾客说出他的顾虑

作为销售人员,知道顾客的顾虑在哪儿,才能对症下药。怕就怕顾客心里犹豫,嘴上却什么都不说。营销人员应该想办法,让客户说出他的顾虑所在。

王洁是房产经纪人,她接待了一个客户,对一套房子很中意,但是犹豫不决,迟迟下不定决心。王洁对客户说道:"您觉得这套房子有哪些地方让您不满意,您可以告诉我。咱们看房不光是为了挑房子,也是学会辨别哪套房子好,哪套房子值得买。您把顾虑告诉我,我能给您提供一些建议或者经验。不管您将来买哪套房子,不管您是从谁那儿签约,我的这些建议总归能给您提供一些参考。咱们跑一趟别白跑,哪怕房子没相中,增加点看房的经验以及和房产相关的知识,对您买房子总是有帮助的。反过来，您把想法告诉我，对我来说，也是宝贵的经验和财富，对我的成长是很有帮助的，不管您最后签不签约，我都由衷地感谢您！"

王洁站在客户的角度思考利弊，让客户觉得说出自己的顾虑对自己是有利的，同时还能收获王洁的感激，他有什么理由不说呢？人总是会趋利避害，作为客户，有时会对销售人员抱有一定的警惕心理。我们站在客户的角度，跟他们分析利弊，让他们知道说出顾虑对他们是有益的，他们会做出更符合自己利益的选择。

客户来实地考察了几次，一直不肯签约，刘翔宇对客户说道："陈总，您要是还有什么不满意的地方，尽管提出来，我肯定尽心尽力帮您解决。说句不怕您笑话的话，我一直觉得自己是给客户打工的，不是给老板打工的。老板就算不喜欢我，我手里客户多，业绩好，他舍得开除我吗？舍不得，甚至还得花心思想想怎么留住我。客户呢，提出的问题有一个我解决不好的，他就可能走掉。没了客户，我天天给老板赔笑脸，他也得开了我。所以啊，您的问题在我这里有最高优先级，把您的问题解决好，您才能留下来；您满意了，遇到了有需求的人，才会介绍到我这里来！您有什么不能跟我说的呢？"

对于跟我们有着相同立场、相同目的的人，我们会给予更多的信任，说话时也会更愿意袒露心扉。销售人员要让客户觉得你是跟他站在一边的，而不是站在他的对立面想要赚他的钱的，他才会对你知无不言、言无不尽。

张斌联系了一位大客户，来来回回谈了很长时间，客户始终不肯签订单，也不说问题在哪儿。张斌去拜访客户，说道："李总，我知道您肯定是对我们的产品有兴趣的，否则您也不可能跟我们谈这么久，但是也肯定有顾虑。您是客户，我是为您服务的，我的职责就是解决您的问题，消除您的顾虑。我在这个行业里钻研了十几年，服务过很多客户，不敢自夸是业内专家，但是至少积累了丰富的经验，专业能力也得到了大家的认可。也许在您那里觉得很难解决的问题，到了我这里，很可能就曾经服务过类似的客户，解决过相似的问题。您是客户，提出您的问题这是您的权利；我是为您服务的，解决您的问题，这是我的义务！"

张斌在谈话中，首先肯定了客户对自己的产品有兴趣，这是双方继续交流的前提。接着他强调自己的专业能力和丰富的经验，让客户相信把问题提出来他就能解决，赢得了客户的信任。专业的人是最值得信赖的，客户有顾虑，说到底就是对产品或者服务不够信任。你让他相信你的专业能力，一方面让他更信任你，另一方面也让他更信任你所代表的公司和产品，他会更愿意倾吐自己的心声。

客户说出自己的顾虑，我们才有了继续说服他的可能。上面提到的让客户吐露心扉的方法，不仅对销售人员有用，生活中我们遇到了有话不愿意说的人，也可以遵循上述方法所体现的原则，寻找打开他们心扉的方法。

如何维系客户的忠诚度

客户的忠诚度是指客户对特定产品或服务产生好感，形成依赖性偏好，进而重复购买的趋向。现代商学研究表明，客户忠诚度提高一小截，就会引起企业利润的大幅度攀升。生意场上的每一句话，都会对客户的忠诚度产生影响。那怎样说，才有利于提高客户的忠诚度呢？

真诚地为客户着想

2006年，虫草种植大户王怡晨背着20公斤虫草，南下广州，卖了3万多元钱。一段时间后，她又带着180公斤去广州。白云饭店的丁总一见到王怡晨就说："你这虫草挺好的，但上次你才给我们1公斤，很快就卖完了。后来想联系你都联系不到，我只好跟别人买了。你这次来了，可要多给我一点啦，有多少我们要多少。"王怡晨说："实在对不起，我没想到你们这里这么畅销。这次我带来180公斤，但我不能全部卖给你，因为广州空气湿度大，虫草不好保存。你要买这么多，绝对不合适。这样吧，以后我就随叫随到，保证让白云饭店总能用到新鲜的虫草。"丁总见王怡晨考虑的都是白云饭店的利益，很感动。此后，也一直只买她的虫草。

销售产品的首要目的就是谋利，但要知道利是从客户那里得来的，只有具有忠诚度的客户，才能给企业带来长期稳定的效益。因此，虽然虫草的市场需求缺口很大，但王怡晨还是俯身做生意。她不是为了赚钱就急着把所有产品卖掉，而是真诚地为客户着想，让对方不要冒风险囤货太多。这样真诚无私的话语，让丁总非常感动，继而也就对她产生相应的忠诚度。

满足客户额外需求

午餐时间，饭店老板王欢接到小区里的刘律师打来的订餐电话："我想要一份牛肉饭和一份猪排拉面。我知道你们这没有面条，可拉面馆又不送外卖。我想麻烦你们帮我从对面拉面馆带一碗，送到我家里来，可以吗？"王欢说："没问题，我这就让人去办。不过您得等几分钟，拉面馆客人多，我们排队买了就给您送去。"刘律师说："太感谢了，回头我给你们加钱。"王欢说："刘律师太客气了，捎带帮您个忙而已，哪能还让您加钱呢。刘律师啊，有什么事您尽管说话。别说给您带一碗面了，就是帮您叫一桌酒席送去，我也不会让您额外掏钱啊。"对此，刘律师特别感激。以后，也更爱去这家饭店消费了。

刘律师要求送的猪排拉面，本是额外要求，王欢不答应也行，即使答应了要点小费也不过分，但王欢不但没有拒绝要求，而且也没有加收小费。这让刘律师觉得王欢很有亲切感，以后自然就更喜欢这家饭店了。做生意，很多顾客会提出额外要求，在条件允许的情况下，要尽力去满足，因为这既可提高自身的核心竞争力，又能让顾客对你更忠诚，何乐不为？

尽量给客户安全感

这天，一位老者来到做蚕丝被的小店，问老板陈东做两条蚕丝被需要多少钱。陈东说以重量算，180元一斤。老者说："怎么这么贵啊？"陈东说："大爷，您不知道啊，6斤蚕茧才出1斤丝，我们收了蚕茧煮了再把丝拉开，

1斤的成本最少也得120元。做成蚕丝被，180元一斤真算便宜的了。"老者有点心动，但又有点担心地说："你们不会偷工减料吧？我听说这种现象很普遍的。"陈东说："您放心，蚕丝真假您能识别吧？我们这里有拉好了的丝绵，您随便选一块化验，别说里边加化纤了，就是掺了漂白过的柞蚕丝，我也会双倍赔给您钱。您可以选好自己要用的料，看着我们做。电脑缝被机，快着呢。"说着就打开几包白花花的丝绵给老者看，这下，老者才放心了，不仅自己做了两条蚕丝被，之后还把邻居也吆喝来了。

陈东迎合老者想省钱又担心上当的心理，说开诚布公的话，而且有理有据，让老者悬着的心放了下来，也因此对陈东产生了信赖感，所以最后不但自己做了蚕丝被，还给陈东做起了广告。其实，任何消费者都不会无缘无故地倾心你的产品或服务，甚至对你的产品或服务产生怀疑都是有可能的。这时候，我们说话必须抓住客户的消费心理，有的放矢地为其化解所疑，满足所望，才能让对方放心。

不让客户利益受损

2008年4月,韩商朴一元与王金成的玩具厂签了一水果模型合同。6月初,"水果"做好了,装在塑料袋内,整齐地码放在隔成小格子的纸箱里,王金成拍好照片发给了朴一元。朴一元觉得塑料袋不环保,便说直接把"水果"码到纸箱里就可以了。王金成则说天太热,"水果"的蜡质粘在纸板上会影响品质。朴一元说那就提前发货,减少运输时间就能解决问题。于是,王金成赶紧叫助手做好提前发货的准备。助手说:"提前发货会多出2000美元的费用,这个得要他们付啊,不然我就亏大了。"王金成却说:"按照客户要求发货是我们的责任,合同之外费用再多也是我们出,一分钱也不让他们掏,这样的损失我们必须自己承担。"这话后来传到朴一元那里,让他非常感动。他说本来以为多出的费用要韩方出呢,还打算以后不合作了,但经过此事后,两家签订了长期供货合同。

本来合约上没有注明,王金成即使不付多余的运输费,也是可以的。但王金成知道,生意是做长久的,眼前的利益自己损失了一点,以后却会收获更多。而这,也的确让朴一元感动不已,最终,也使他成了忠实的客户。可见,做产品营销,要让对方知道和你打交道不会吃亏，就可以有效地维护其对产品及服务的忠诚度。有了客户的忠诚度，你的生意才会打不散，拖不丢，不尽财源，才会滚滚来。

　　生意场上，没有客户的忠诚度说什么都是枉然。而客户的忠诚度，很大一部分是销售人员的口才决定的。在商务谈判中，要懂得如何说才能维系客户的忠诚度！只要做到了这点，那骄人的工作业绩将使你的未来别有洞天。

正确处理好客户的投诉

商家把商品卖给顾客，为的是赚取利润，从这个意义上讲，顾客可以说是商家的衣食父母。作为卖方，收到顾客的投诉是经常会发生的事。这时候，我们该怎样处理最为合适呢？

汉斯的笔记本电脑用了7个多月便电池漏液，把电路板腐蚀了。店里服务员不知道该怎么处理，就让他找领导谈。没想到，汉斯以为服务员推诿，便大吵起来。他说找不找领导是你们的事，笔记本从谁手里买的，就朝谁说。经理马克发现后，赶紧把汉斯请到自己的办公室，又沏茶又点烟，好一阵忙乎，才让汉斯的情绪平静下来。马克说："我们卖了四年这个牌子的笔记本，怎么就让您赶上个问题货呢？抱歉！这个牌子已经停产，让厂家返修不可能了。您可以选一款价钱差不多的其他品牌笔记本。如果您没有如意的,我们就退给您钱,您到别的店选购。怎么样啊?"汉斯觉得对方真是替自己着想,便改变了退货的想法,又添钱换了一款功能较好的笔记本。

汉斯的笔记本电脑坏了,经理马克对他又安慰又赔偿。以小的付出,维护了客户的利益,同时也维护了自身的信誉。明明是消费者吃了亏,作为卖方,如果还要找借口推卸责任,不管借口充分与否,都是在砸自己的牌子。维护消费者利益,该赔偿就赔偿,在消费者心目中树立自己的品牌形象,会得到市场更好的回报。

胡雪岩的胡庆余堂成立之初,生意很红火。而同行店务本堂的生意明显受到影响。一天,一个壮汉在外边嚷嚷,要见大掌柜胡雪岩,说他昨天从柜上买一块丈二青缎,到家尺一量只有一丈一尺,小二告诉胡雪岩,他并没给人短尺,这个人一定是来闹柜的。胡雪岩出来一看,发现此人是务本堂的跑街,便热情地说:"得罪,得罪。都怨我们不好,准是小二量布时把布拉紧了,给您少了尺。见谅!"然后,他又对小二说:"这位爷是务本堂大掌柜的亲戚,来我们店买布,是给我们赏光!你

赢得人生的实用口才

快扯一块足尺丈二青缎布,赔给爷!改天我们再登门拜访。"壮汉见胡雪岩认出他来了,自己干的又是败坏胡庆余堂名声的勾当,顿觉无地自容,拿起布料就走了。之后,务本堂的人再也没来胡庆余堂滋事,两家渐修于好。

壮汉的投诉明明是同行蓄意捣乱,胡雪岩则点到而没有说破,仍然以"包赔损失",化解了一场商敌的暗算。对无理取闹的投诉者,揭破总是无益的。之所以对方敢于担着道德风险跟你找碴儿,就说明其缺乏做人的底线,休想凭你的力量把他扳过来。因而尊重对方人格,对其行为点到而不说破,反倒能令其知耻而止。

一次,李军和朋友喝了点小酒,便到附近的足疗馆泡脚去了。他们占了一个六人间,要的是80元一位的药疗加按摩。这下可以躺在床上聊上两三个小时了。没想到,一个小时过后,足疗结束,值班经理说他们要清场了。李军当场就翻脸了,这不是撵我们吗?老板了解到,今天客人多,值班经理就临时做出了这样的决定。老板便对大家说:"对不起,确实是我们的错,让您几位生气了。我的带班经理没长脑子,客人还没有玩好哪能清场呢?为多赚几个钱而损害客人的利益,实在罪过。咱也别说好听的了,几位接着尽兴。明天,我们贴海报,凡是刚刚离开的客人,凭小票免费享受一次同等价位的服务,如果不需要可以退费。您看怎么样?"李军满意地说:"老板,有您这话,就公道多了。我们明天各奔东西,就不来麻烦您了,几个小钱,也不用谈什么退费,后会有期。"随后,便招呼大家上车走了。

员工做了错事,老板则毫不掩饰,积极道歉、理赔,直到顾客满意。你的服务损害了消费者利益,敷衍塞责会越抹越黑,不可能解决问题。因此说,一旦发生客户投诉,除了诚恳道歉,积极补救之外,一切的推卸责任总是徒劳的。因为只有得到消费者的谅解,你的生意才会有更好的前程。

第三篇

论辩口才

论辩之道，善"借"为上

在生活中，当别人对你发难时，你可以巧妙地借对方的话语为己所用，利用对方话语中的有利因素，进行改造、引申、发挥，使之成为回击对方的利器，最终让你取得论辩的胜利。

借题发挥

宋丽娜和李云放学回家的时候，看见一位年轻人跪在路边乞讨。年轻人说自己家徒四壁，只能出来乞讨。宋丽娜听了他的讲述后，给了他20块钱。年轻人拿着钱高兴地离开了，但李云却对宋丽娜说："你怎么轻信他呢？你看他这么年轻，怎么可能会是乞丐，他十有八九是骗钱的，你不应该给他钱的。"宋丽娜笑了笑，说："你说的没错，这年轻人有手有脚的，干点啥不能养活自己啊。老实说，我也觉得这个年轻人出来乞讨太没出息了。但是，有一点咱们需要明白，乞丐无论真假，当他向你乞讨时，他就真的是乞丐了。因此，咱们施舍一点给乞丐，也就无所谓了。"李云听后，深以为然。

生活论辩中，当别人以某些事实为证据发起进攻时，我们要善于利用对方的证据，借题发挥，反向推论，推出相反的结论，出乎对方意料，而又在情理之中，使对方难以辩驳。李云认为乞讨的年轻人是骗钱，所以不是真乞丐，但宋丽娜却借题发挥，指出本质——乞讨的人就是乞丐。

借箭反射

《大秦帝国》中，秦献公病危的时候，却没有按照惯例把大臣们招进寝宫商量后事。于是，在政事堂守候的大臣们，焦灼不安却又不敢多说什么。长史公孙贾有意无意地踱到上大夫甘龙面前，拱手问："上大夫可有见教？"甘龙作为主政大臣，也和所有大臣一样，没有被招进寝宫。公孙贾请教，显然是想试探一下甘龙对这件事的反应。甘龙却是淡淡回答："长史常随国君，有何见教？"这是一个微妙的反击。长史执掌国君机密，是左右亲信,然此时也在政事堂,这比主政大臣在危机时离开国君更为异常。因此,公孙贾感到尴尬,只好拱手笑道:"公孙贾才疏学浅,何敢言教?"

机智的论辩者像料敌如神的诸葛亮一样,懂得草船借箭,善于将别人射来的攻击利箭一齐收住,再反射回去,达到"以子之矛,攻子之盾"的妙用,化害为利,夺得论辩的胜利。公孙贾的"请教",就是想试探甘龙的反应,而甘龙的借箭反射,却分明表示出一种言外之意——不用试探,你比我更心虚。

借势反推

有一天,林涵和陈震一起观看一场足球比赛。但他们支持的球队却意外地以大比分输给了一支弱队。赛后,陈震说:"对方什么时候变得这么强了?"林涵说:"是咱们这球员技术不行啊,尤其那个4号,对手一冲,他就被过掉了。"陈震听他批评自己喜欢的球员,生气地说:"你这么说,我可不乐意了,你把他说得那么弱,至于吗?你行你上啊。"林涵则笑着说:"我说的可是事实,这场球他确实每次都被过掉啊。而且,我只是评论这场球,我觉得你不能对我说什么'你行你上啊'。假如我评论个电冰箱,我还得会制冷才行啊?"陈震听后,尴尬地笑了。

生活论辩中,总有人喜欢强词夺理,比如类似"你行你上啊"这样的逻辑,就让人很无语。其实,当我们面对别人的论辩攻势时,要想夺取论辩的主动权,就要懂得借势反推,借力打力。林涵巧妙地根据陈震的观点进行换位思考,从另一个角度探寻事理,并借敌之势,反向推理,巧妙地揭露了"你行你上啊"的逻辑错误。

生活论辩中,面对别人的凌厉攻势,我们要敏锐地抓住可乘之机,运用"拿来主义",巧妙借用,或借物,或借言,或借题,或借位,借来反击对方,使对方陷入欲辩无辞的境地。

顺水推舟,以喻制喻

一个恰到好处的比喻,胜过一大篇平淡的议论。正因如此,在论辩中,当有辩敌用比喻论证自己的观点时,你想反驳他就会显得很吃力。但事在人为,任何辩词都会有突破口,比如,你也可以在辩敌的比喻基础上顺水推舟,以喻制喻,打辩敌一个措手不及。

在一次辩论赛上,陈同学和杨同学就"发展知识经济,自然科学和社会科学哪个更重要"的问题展开辩论。其中,陈同学说道:"发展自然科学是各国都在争上的一班车,千方百计挤上这班车,才谈得上发展知识经济。"杨同学听后,回应说:"上车当然是重要的,但车往哪个方向开,要遵守哪些交通规则,更为重要。社会科学的发展就是要为自然科学的发展、为人类社会的发展引导方向。因此，开车比上车更重要。"

陈同学以"上车"为喻，证明发展自然科学是大势所趋。杨同学就势以"开车"为喻，顺水推舟，重点说出了"上车"以后不能忽略的问题，阐明了"开车"比"上车"更重要的道理，即社会科学的发展要为自然科学的发展引导方向，成功地反驳了陈同学的观点。

在电视剧《沉默的真相》中，为了让陈年旧案真相大白，张超等人合谋制造了一个局。办案人员问张超："这十年的故事像一座大楼，我们现在知道的只是大楼的外观，具体的内部结构我们并不清楚。此刻我最好奇的一点是，这十年的故事，我们是从不同的人口中拼凑出来的，可你明明知道全部故事，并且也一直引导着让我们知道全部故事，为什么你不肯一开始就全部告诉我们，反而绕了这么大一个圈子？"张超笑了笑，说："当游客走到这座大楼面前时，只有对外观感兴趣，他才会深入内部看看。如果大楼的外观就把游客吓住了，让游客不敢靠近，甚至装作没看到，掉头就走，那么大楼的内部结构将继续保留下去，直到等来愿意进来的客人。"

赢得人生的实用口才

辩敌的比喻论证无疑是颇具杀伤力的武器，但我们切不可被辩敌的气势吓倒，而应沉着冷静，认真辨析辩敌比喻论证的不足之处，进而给出有力一击。警方把事件比喻为一座大楼，责怪张超绕圈子。但张超却指出这样做是为了不吓跑游客（也就是想一探究竟的警方）。如此以喻制喻，通俗易懂，让人信服。

运用"以喻制喻"的技巧要求我们要善于联想，以辩敌的比喻论证为联想的基础，巧妙地从另一个角度设喻，顺水推舟，达到后发制人的目的。由于用于反击的比喻是由辩敌的比喻联想而来，往往大大出乎辩敌意料之外，让辩敌难以招架。这正如在比武中，施展太极拳，让对手的出拳打在自己身上一样，是一种十分巧妙的战术。

定向发挥，诱驴甩尾

张晓说："我这人吧，吃软不吃硬，谁对我好，我就听谁的。"

胡恩恩笑着说："是吗？我不信。"

张晓问："为啥不信？我从来就是这样做的。"

胡恩恩说："那我问问你，你妈妈和你媳妇谁对你不好？"

张晓说："为什么这么说？她们对我一样好！"

胡恩恩接着问："可如果你生病了，你妈妈让你这样治，你媳妇让你那样治，你听谁的？"

张晓顿时语塞，不知道如何回答。

胡恩恩先是根据对方的心理抛出一个复杂问句，诱使对方回答"一样好"。接着，用假设句进一步发问，按照对方的观点，无论对方怎么选择,都是无法符合自己的观点。最终,张晓不得不服输。胡恩恩所使用的论辩技巧就是"诱驴甩尾",即在论辩中根据我方需要或对方特有的心理,机智地诱使对方像驴一样甩出尾巴——说出为我所需、为我所借的话语,然后抓住"驴尾"反驳对方,即借助对方的话语进行定向发挥,最终达到论辩制胜的目的。

> 有一次,曹操用的马鞍被老鼠咬坏了,管理仓库的库吏吓得要死。因为曹操平时很迷信,一旦得知自己的马鞍被老鼠咬了,一定会认为这是不祥之兆,非治库吏的死罪不可。曹冲得知此事后,决心帮助这个可怜的库吏。于是,曹冲故意愁容满面地去找曹操,说:"唉,真是晦气,我刚刚发现,我的衣服被老鼠咬破了。有人说被老鼠咬破衣服是不吉祥的兆头,所以我心里很是忧虑不安。"曹操向来疼爱这个儿子,急忙劝慰道:"老鼠咬破衣服主人就不吉祥吗?这完全是无稽之谈,不必忧愁。"曹冲听后,笑着说:"父亲这么说,那我就放心了。对了,库吏刚刚跟我说,库房的马鞍不慎被老鼠咬了,请求您的发落。"曹操正欲发作,却想起刚才劝曹冲的话,最后只得一笑了之,库吏因此顺利逃过一劫。

说服别人改变自己的观点和看法,不是一件容易的事。但如果巧妙地挖坑设陷,引君入瓮,然后根据对方的实际情况,顺水推舟地进行引导,就会容易得多。曹冲为了劝说曹操不惩罚库吏,故意先弄一出"戏",引导曹操说出老鼠咬物并非不吉祥,之后,曹冲再谈马鞍被老鼠咬了之事。由于之前自己已经说过那番话,所以曹操也就不好发作了。诱驴摆尾,然后抓住驴尾不放,这样一来,就能达到一种"草船借箭"、为我所用的论辩效果。

林老板早年创业时,手下有一位马经理因为管理不善而被不少员工投诉。林老板找来马经理,说:"你知道吗?有不少员工投诉你,说你待他们不好。你这样管理有问题,我得扣除你这个月的奖金。"马经理说:"这不是我的问题。他们总是不服从我的命令,经常犯错。这样的员工,我觉得有必要对他们狠一点。"林老板说:"那先不说他们了。我有个问题想请教你帮助分析一下。前些日子我在菜市场看到一位顾客跟卖菜的争吵,原来是卖菜的缺斤短两。卖菜的说,菜是秤称的,缺斤短两也是秤的问题,不能怪他。马经理,你觉得这卖菜的说的是否有理?"马经理马上回答说:"当然没理,卖菜的这是强词夺理,自己故意坑人,还把罪过推到秤的头上,真是笑话。"林老板则说道:"马经理,你说的对,但假如这些员工是一杆秤，你就是那卖菜的。你连手下都管不好，还不好好反省？"马经理不知道说什么了。

论辩中，面对对方的诡辩，我们运用诱驴甩尾，就能化被动为主动。林老板在跟马经理谈管理时，马经理认为自己的手下才有问题。林老板于是绕开这个话题，讲起买菜人的故事，其实目的是想诱使他"甩尾"——而他也确实如此做了。林老板则抓住对方说的"强词夺理"，驳斥对方之前也是如此，最终让对方有口难辩。诱驴甩尾就是要先诱导别人说出我们需要的话语，然后我们抓漏点穴，利用这些话语进行反击，打对方一个措手不及。

戴莫斯认为一个人任何时候都不应该做欺骗别人的事情，但他的同事苏力显然并不赞同这个说法。他说："如果在作战时欺骗敌人，怎么样呢？"

戴莫斯："当然，这是正义的。不过，我说的却是我们的朋友。"

苏力："那如果一个将领看到他的军队士气消沉，就欺骗他们说，援军就要来了，因此制止了士气的消沉，我们应该怎样理解这种欺骗呢？"

戴莫斯："这个，我看也应该放在正确的一边。"

苏力："好。那如果一个人因为朋友消极悲观，怕他自杀，而把他的刀剑一类的东西偷去或拿去，我想问你，这种行为是正确还是不正确的呢？"

戴莫斯："这是好心，当然也应该放在正确的一边。"

苏力："就是说，就连对于朋友，也不应该在无论什么时候都坦率行事的。"

戴莫斯："的确不是。我的观点是错的，如果你准许的话，我宁愿收回我已经说过的话。"

最高明的论辩技巧是让对方自己主动说出自己的观点的谬误，苏力在这点上做得可以说很完美。苏力在与戴莫斯的一问一答之中，反复运用启发诱导的方式，一次次诱使戴莫斯"甩出尾巴"——有时欺骗也是正确的。最后，苏力再顺着这些尾巴——这些话语，给以反击——总结出"就连对于朋友，也不应该在无论什么时候都坦率行事的"。苏力寥寥数语就轻易地击中其要害，有力地驳斥了对方的论点，使对方放弃了他原来的观点，取得了统一的认识。

诱驴甩尾具有为我所需的奇特功效。如果我们懂得运用这一招数，那就可以让我们掌握论辩的主动权，让辩敌跟着我们的脚步走，最终让我们轻松地挫败辩敌，赢得论辩。

同构意悖，借力打力

由斯皮尔伯格导演、汤姆克鲁斯主演的科幻电影《少数派报告》风靡全球，电影讲述的是2054年，警方创造了一个预防犯罪的系统，可以通过"先知"预知即将发生的凶杀案，从而可以让警方在凶手尚未杀人时，及时制止并将凶手绳之以法。警官安德顿一直尽心尽力地工作。然而，安德顿的竞争对手丹尼却想给他找茬。他说："这个预防系统是很好，但是杀人犯还没有杀人，就不能抓，因为抓了他，他就没有杀人，而没有杀人的话，凭什么抓他？"但安德顿显然不认同他的观点，他认为将凶杀案遏制在摇篮之中是必须的。不过，他没有直接反驳，而是随手将自己手中的一个球从桌子上滑了出去——当球滑到丹尼这头、就快要掉在地上的时候，丹尼很自然地用手接住了。这时，安德顿突然发问："你为什么要接住?""因为它快要掉到地上了。""它还没掉到地上,你就不能接,因为你接住了,它就没有掉到地上,既然没有掉到地上,你接住干什么?"丹尼听后,无言以对。

安德顿的反击,借用了丹尼的语言结构,但是最后得出的结论,则是相反的,这是非常高明的论辩技巧。值得一说的是,在运用同构意悖术时,可以不去考虑所使用的结构是正确还是不正确,只要与论敌的结构相同,便可收到反击对方的效果。因为同构意悖的目的主要在于"破",不在于"立",即在于破坏辩敌的阵势,而不在于建立自己能够成立的结论。

在电影《后会无期》中,有这样一个情节:马浩汉驾着车送江河去任职的学校。一路上,他们经历了各种状况。当车子开在一条偏僻的小路上时,他们不小心撞到了一条小狗。好在小狗没事,马浩汉和江河便将小狗也一起带上了车。坐在车里,马浩汉和江河关于这条小狗是家狗还是野狗产生了争论。马浩汉说:"这里杳无人烟,这小狗没有家,自然算是野狗。"江河听后,淡淡地说:"那完了,照你这么说,我们两个也来到了这个杳无人烟的地方，也没有家，那我们就是野人了。"马浩汉听此，无话可说。

马浩汉认为没有在家里的小狗就是野狗，这看似有理，实则是不当的推理。江河没有直接反驳马浩汉的观点，而是借用马浩汉的逻辑思维，推理出"人离开家就是野人"的结论。江河以谬制谬，巧妙地指出马浩汉的错误论证。江河的论辩方法，就是同构意悖术。在论辩中，如果发现辩敌的观点错误，我们可以采用同构意悖术，即根据对方的表述方式，来表述另一个荒谬的推论，以荒唐对荒唐，以错误对错误，让辩敌搬起石头砸自己的脚，无言以对。

比仿式同构意悖

古希腊人爱瓦梯尔向普洛太哥拉斯学习辩术。他们的约定是：爱瓦梯尔先付一半学费，另一半学费等学成后在第一次辩护胜诉时再付，如果败诉，则学费不必再交。但是爱瓦梯尔毕业以后，没有担任辩护工作，不打算交另一半学费。普洛太哥拉斯准备告他，说："如果我胜诉了，法官会判你付我学费；如果我败诉，根据约定你还是要付我学费。总之要付。"爱瓦梯尔则说："如果我胜诉，法官也会判我不付学费；如果我败诉，按照约定我也不必付另一半的学费。总之不付。"普洛太哥拉斯将军听了，发现有口难辩。

比仿式同构意悖术是根据对方的说法，选择一个临近的同类事例，做出一个相似的推理形式进行反击，以期出奇制胜。面对普洛太哥拉斯的证明，爱瓦梯尔如法炮制，将对方的逻辑重复使用，证明自己无论如何都是胜利的一方。辩论中，无论对方抛出什么样的事实和证据，肯定都会有漏洞，学会借力打力，反戈一击，把问题抛给对方，那就有利于用自身的事实批驳对方的错误。

直仿式同构意悖

有个狡诈的财主，找到一个相马的人，对他说："我给你一百块钱，你给我买一匹我最喜欢的马来。"相马人问："你喜欢什么颜色的马？"财主说："我不要黑马、白马，也不要黄马、灰马。"相马人说："那么，就挑红马或棕马，或几种颜色交错的杂色马吧！"财主说："也不行。"聪明的相马人知道是财主有意刁难，于是说："啊，是这样！那我就去试试吧！"相马人收下银圆就走。

这时，财主叫住相马人问道："你什么时候把马买好牵来呢？"相马人回答说："不是星期一、星期二……也不是星期六、星期天。但反正会在那一天，我就把马牵来了。"财主一听，急得说不出话来，最后只好眼睁睁地看着相马人带着一百块银圆走了。

直仿式同构意悖术主要是根据对方提出问题的思维方式、语言形式，或袭句讽刺，或换词反击，再造一个类似的问题，将对方的问题反弹回去，让对方自食其果，叫苦不迭。这位相马人就是用这种方法，以其人之道还治其人之身，不但反击了财主的刁难，还白拿了一百银圆，实在巧妙。论辩中，我方要善于运用论敌的"武器"来反击论敌，这能使论敌作茧自缚，收到四两拨千斤的论辩功效，从而使论敌败下阵来。而直仿式同构意悖术，往往能够轻而易举地达到这种论辩效果。

喻仿式同构意悖

古时候有这样一则笑话，说的是一个地主与一个长工之间的对话。在一个寒冷冬天的早晨，一个长工披着一张羊皮褂子在院子里扫雪，地主"张扒皮"起床后看见了，想趁机挖苦一下这个长工，于是大声说："喂，穷小子，你身上怎么长出了一张兽皮？"对此，长工笑着回答："我也挺奇怪。不过，更奇怪的是，老爷，你身上怎么长出了一张人皮？""张扒皮"回过神来，十分难堪，只好灰溜溜地走开了。

喻仿式同构意悖术是模仿对方的说辞，构造出一个相似的喻例，然后以喻例向对方设难，让对方有口难辩。在这里，长工的话与地主的话在语法结构、语调形式方面完全相同，只是将"兽皮"换成"人皮"，就把地主的恶语射向了地主自己。地主的话中隐含的意思为对方是长得像兽的人，而长工的答辩却隐含着对方是长得像人的兽，让地主搬起石头砸自己的脚，自认倒霉。

在运用同构意悖术时，可以不去考虑所使用的结构是正确还是不正确，是有效还是无效，只要与论敌的结构相同，便可收到反击对方的效果。因为使用同构意悖技巧的目的主要在于"破"，不在于"立"，即在于破坏论敌的阵势，而不在于建立自己能够成立的结论。运用此诡辩技巧可使论敌自食其果，哑口无言。

言之有据,言之成理

论辩中,我们经常会使用论据这个工具。有时,辩敌强词诡辩,但我们却又无法提出有力的反驳。这时候,如果我们懂得巧用论据,往往就能轻易摆脱对方的纠缠,从而击倒辩敌。

典型的论据

也先领兵攻打明朝,并活捉了明英宗。明朝廷派杨善前来找也先谈判。也先采用先发制人的策略,向杨善提出了责难:"明明早就规定,我们给你们送来马匹,你们以布匹交换。可是上一次,你们给我们的布匹为什么是劣等货?"杨善却笑着说:"我们很不希望这种错误发生,但有时候也是百密一疏。我相信您也会理解的,毕竟您送来的马匹,也不是每一次都没有问题,也不是每一匹都是好的马,也会有个别不好的马或者生病的马,不是吗?这自然也不是您的意思吧?所以这一次自然也不是我们的本意啊。希望您能够原谅我们的疏忽,以后我们不会再这样了。"也先听了这么一番回答之后,也就不好再说什么了。

也先明显是在强词夺理,但是他的说法又有几分道理,毕竟交换物品应该诚信相待。但杨善巧妙对比,指出也先拿来交易的马也并非都是好马。杨善的论据很典型,可谓一语戳中也先软肋。论辩中,利用典型的论据说理,就是利用人们对典型事例的信服,让典型论据为自己的论点服务,定能为你在辩场上增添气势,压倒对手。

充分的论据

杨乃武遭人诬陷与寡妇"小白菜"通奸,被捕入狱。杨家多次上诉,无奈地方官员相互包庇,打了三年官司都没能翻案。后来,连翁同龢也前来求见慈禧,请求慈禧重审此案。但是,慈禧却说:"翁大人,地方官不会枉法陷害他俩的,一定是两人通奸有染,这才谋害亲夫,这番是罪有应得。而且四川总督丁宝桢也说此案无须再审,否则会伤了浙江官员的心。"翁同龢忙说道:"太后说的是,不该伤了浙江官员的心。但是,我们更不应该伤了百姓的心啊。试问,官心怎能与民心抗衡?太后或许还不知道,此事早已激起义愤,浙江、江苏一带,众多名士替杨家奔走呼号,《申报》《京报》等报纸也都连篇累牍跟踪报道这件事。如果不给两人申冤,民心难平啊!民心难平的话,又谈何官心呢?"慈禧只好同意复审。

慈禧说重审杨乃武一案会伤了当地官员的心,这明显是托词。翁同龢举出民士和报纸为例子,点明不重审此案就会激起民愤,并强调民心比官心更重要。这样的论据很充分,最后让慈禧无话可说。将道理蕴藏在辩词之中,能够完全证明己方观点。在一些纷繁复杂的论题中,我们就可以构建一个结构简单、事理明晰的充分论据,以理证理,让对方无法辩驳。

所谓"言之有据"方能"言之有理",在辩论场上,不管是面对辩敌的猛烈进攻,还是面对辩敌看似难以攻破的堡垒,只要我们善于引用有力的论据,往往也能轻松克敌。

去伪存真，以理服人

与人论辩，其实就是跟别人讲道理，因此，在论辩中，我们要做到去伪存真，以理服人。那么，我们应该如何阐述观点，才能打对手一个措手不及呢？

霍金在他的《时间简史》开篇讲述了这么一个故事——有一位著名的科学家（据说是贝特朗·罗素）曾经做过一次关于天文学方面的讲演。他描述了地球如何绕着太阳运动，以及太阳又是如何绕着我们称之为星系的巨大的恒星群的中心转动。演讲结束之时，坐在房间后排的一位老妇人站起来说道："你说的这些都是废话。这个世界实际上是驮在一只大乌龟的背上的一块平板。"这位科学家很有教养地微笑着答道："那么这只乌龟是站在什么上面的呢？"老妇人只好说："你很聪明，年轻

赢得人生的实用口才

人,的确很聪明……"

在论辩中,有些人为了达到"让话语杀死你"的目的,常常提出一些霸道无理但又让你难以反驳的话语,企图"一巴掌打垮你",这时候,处于被动中的我们,既然解释不清楚就不要用苍白的语言来解释了,不如就像这位科学家一样,顺水推舟,根据对方提出的事例,举出一个让人无法辩驳的事例,把不好解释的难题交给对方,让对方云里雾里,无言以对。

> 周诗琪生了孩子之后没多久,想着生活不易就又出去工作了。但她的老公杨立超却沉迷于打游戏,不想出去上班。更过分的是,杨立超在家也不懂得好好照顾孩子,周诗琪下班回家了,也还得自己做饭。有一天下班回家,周诗琪看到杨立超沉迷打游戏,晚饭也没做,孩子在一边哭也不管,就不免对杨立超抱怨了几句,没想到杨立超还是一副无所谓的样子,最后,还跟周诗琪吵了起来。气得周诗琪带着孩子跑回了娘家。杨立超一点反悔的意思都没有,都懒得来接妻儿回家。最后周诗琪的婆婆来,说接她回家,并对周诗琪说:"你呀,也别得理不饶人了。就算他有99%的错,难道你就没有1%的错吗?"周诗琪一听这话就生气了,反驳道:"您也知道

我有理啊？那您不去质问有99%的错的人，您来劝有1%的错的我干什么呢？"

当婆婆提出自己的儿子固然"有99%的错"，但儿媳也总有"1%的错"之后，儿媳没有被这样的诡辩蒙蔽了心智，而是非常理智地提出，那应该去批评99%的错的人。最终让对方无话可说。可见，在论辩中，哪怕对方一开始就先发制人，哪怕条理清晰，"有理有据"，只要我们善于抓住话语中的漏洞进行反击，就能以彼之道还施彼身，去伪存真。

在《庆余年》中，范闲初入范府的时候，遇到了范思辙。范思辙要范闲打开箱子，范闲拒绝了。范思辙说："你知道我是谁吗？这是范府。府里上上下下的人都以我为尊。我叫他们干吗，他们就得干吗。我现在让你把箱子给我打开。"范闲说："你这话有毛病。"范思辙问："什么毛病？"范闲说："你刚才说,府里人都以你为尊，你说什么他们都得听。"范思辙说："对啊，没错啊。"范闲说："那你要让他们打死你自己呢？他们要是动手，就得伤害你，说明不是以你为尊。他们要是不动手，那就是不听你的命令。两个条件只能满足一个。你看，自相矛盾了吧。"范思辙被驳得蒙圈了。

赢得人生的实用口才

　　论辩中,有些人为了证明自己观点,会用理想状态的概念代替实际中的概念论证观点。这时候,我们可以用去伪存真的事例,把对方虚假的不真实的定义击垮,同时把真实的定义说给对方,达到了说服的效果。此例中,范思辙的话语看似有理,实则是混淆了概念,而范闲则非常聪明,他辩证分析,一针见血地指出了范思辙的观点错误。

　　所谓空谈乏力,在针锋相对的论辩场上更是如此。泛泛而论往往难以服人,去伪存真,才会让话语铿锵有力,道理深入人心。

层层剥笋，把理说透

所谓剥笋术，是指在论辩中的特点有层次性，不论论或辩、攻或防，都可以像剥竹笋一样，层层递进，步步深入。如此一来，就能达到痛击辩敌的目的，并最终取得论辩的胜利。

左右夹击

在某一期《爱情保卫战》中，有位女嘉宾为了考验男朋友的真心，经常请闺蜜帮忙故意"诱惑"男朋友。男朋友知道后非常生气，最终要跟她分手。在台上，导师告诉她，爱情不能考验，但她却说："我不去考验他，我怎么知道他是不是真的爱我呢？"导师说："爱情不能考验，就比如说你叫闺蜜去考验男朋友这事吧。如果你男朋友经不起考验，真的跟你闺蜜走到了一起，你就白白失去了男朋友；

如果你男朋友经得起考验，但知道是你在考验他时，他就会觉得你不信任他，而信任是两个人在一起的基础。所以，没有信任的感情就会裂变。你男朋友现在要离开你，就是对你这种错误的最大惩罚啊。"女嘉宾听后，无言以对。

关于女嘉宾"经得起考验的爱才是真爱"的观点，导师所用的是典型的左右夹击的论辩方法，就是把两种结果都摆出来，强调对方观点是站不住脚的，使对方理屈词穷。论辩中，当对方观点偏执时，我们可以采取左右夹击的方式，让对方明白到自己的错误所在，让对方无法继续反驳。这样，我们也就能顺利取得论辩的胜利。

由表及里

前几年，演员参加真人秀很火，很多演员表示这对演员本身是一件好事，因为"可以跟观众更拉近距离"。对此，某演员却反驳说："当一个演员参加很多真人秀节目后，大家变得很喜欢很了解他。但太熟悉了，对于演员来说未必是一件好事。当你演一个角色的时候，比如你本身是这个样子的，你演的角色和你性格很接近，那别人看了就会说，你看他什么都没演，他本身就是这样。

但如果别人不知道你是这样的，他们会觉得你演成这样很好，而他们对你有了某种印象后，你的角色就会被你自己的性格所禁锢。或者，这个角色跟你的性格完全不一样，你很努力地去体验生活、去塑造，人家看完又会说，你看他的表演痕迹多重，他生活里根本不是这个样子。所以说这很'伤害'演员。"

关于演员参与真人秀是一件好事的说法，某演员的反驳很是客观，他由表及里挖掘出"利"的背后对塑造人物会产生极大的伤害，因为观众对你太熟悉了，反而很难相信你所演的角色。归根结底，这一切的"不相信"都是因为演员参加综艺节目过度曝光惹的祸。某演员这番论辩，由表及里，深入挖掘了因果关系，让人信服。

连续反问

有一篇被广泛传播的公众号文章向读者发出警告："你的同龄人，正在无声无息地抛弃你。"作者在文章里写道："要么在北上广的写字楼里，刚刚成为一个总监，小腹上长出赘肉，每月因为房贷不敢辞职。要么在三四线城市里，过着平淡，却一眼可以看到未来的日子。"而某作家则认为这样的文章是一种毒鸡汤,他反问说:"我不明白这些有什么不好的?当了总监肚子上有赘肉怎么了?觉得有赘肉没问题的就留着,嫌弃自己有赘肉的就去健身,不可以吗?因为房贷不敢辞职难道有错吗?没有自己更喜欢的工作或者更明确的方向,辞职了难道是这篇文章的作者来养你吗?一眼能看到未来的日子哪里不好?有人就是不喜欢飘摇动荡的生活有问题吗?"

论辩中,当对方拿看似有理的论据形成一个错误推理时,不妨巧妙诘问,尤其是连续的诘问,把问题的实质点明,让对方无法自圆其说。某作家就是对这篇公众号文章的观点进行了反问,而且是连续的反问,这就像一排连珠炮似的,重重地击打,揭露了对方观点的片面性和主观性,让对方的谬误观点暴露在阳光之下。

揭露本质，正本清源

论辩中的正本清源，是指当对方对事物或观点认识不清乃至错误时，我们可以从根源上加以整顿清理，以达到澄清事实真相的目的。

对逻辑错误进行正本清源

2023年6月7日是高考的首日，云南省丽江华坪女子高级中学校长张桂梅连续十三年"送考"。就在全网都对张桂梅的坚持与奉献送上敬意之时，一位博主居然在社交平台上说："公布一个扎心的真相，那就是华坪女子高中至今没有一个考上清华北大的学生。"此话一出，引发广大网友痛批。有网友反驳说："如果单单以'学生能不能考上清华北大'来评价一所学校的成功与否，这何尝不是一种悲哀？难道考上清华北大的学生才算优秀吗？难道学生考上清华北大了，教育才算有意义吗？清华北大当然是顶级大学，可并不是其他学校的学生就都不如人吧？这就好像是一个好心人带着偏乡僻壤的一群人谋生，大家都过上小康生活了。但是你能不能说，可惜这群人里没有走出亿万富翁，带头人不行啊！"

这位网友毫不客气地指出大V的逻辑错误，深刻地表明了张桂梅的学生能够通过读书走出大山，改变命运，就已经是张桂梅做的功德无量的一件事了，而不是还非得要求有学生考上清华北大才行。论辩中，有些对手振振有词，拿出许多"根据"和"理由"来。但仔细分析会发现，他们的论据与论点之间的逻辑关系往往是经不起推敲的。如果我们厘清二者之间的逻辑关系，正本清源，便能轻松赢得论辩。

对理解片面进行正本清源

一次，主持人故意问李连杰："为什么成龙多危险的镜头都敢自己上，而你却总是使用替身呢？"李连杰听后没有生气，反而非常认真地反驳说："其实这件事情大家心知肚明。你们觉得，李小龙需不需要替身？我们都是普通人，并不是上天入地的超能力人。像开飞机，或者在高楼的火灾现场跳出来，在大街上飙车，我们能拍吗？这些东西是要经过专业学习的，而且没有相应的资格证也不允许拍。成龙也用替身，在国外拍一些危险动作必须有相关执照，这个时候不用替身不行。我觉得没有必要去证明什么，重要的是把电影拍好。"主持人听了之后，深表赞同。

李连杰一针见血地指出了主持人的理解过于片面，并且用事例证明替身是有存在的合理性的，他还坦承自己有替身，哪怕成龙其实也有替身。其实，这也是很正常的事情。在辩论中，我们不能仅止于流于表面的争论，而应该深入思考。有些辩论对手的理解过于片面，甚至可能还自以为得意，这时我们就应该抓住问题的关键，然后釜底抽薪，正本清源，给其重重一击。

对概念不当进行正本清源

某导演因其导演的新电影而接受采访——

记者问："是什么样的契机，让您把视线落在了潮州、南澳等广东潮汕地区？网友们都说电影之后，这个岛要像东极岛一样更火了，您对潮汕的感觉如何？"

导演马上纠正说："我觉得他们说反了。没有这部电影，这些人文和自然景观依然在那里，它们的生命力魅力很强很长，不是我，也会有别人、有其他导演的剧或者电影，去传颂它们，它们会一直熠熠发光。因为那些光芒本身就是很耀眼的，而我只是恰好走到了这个光芒处。不是我们带了点光，而是光照亮了我们，我们是沾了光。是这些人文和自然，帮助了我们，给这部电影加了分。感谢在这里的一切。"

导演毫不客气地指出记者和一些网友的逻辑错误，深刻地表明了是拍摄地帮助了电影，而非电影帮助了拍摄地。论辩中，有些对手振振有词，拿出许多"根据"和"理由"来。但仔细分析会发现，他们的论据与论点之间的逻辑关系往往是经不起推敲的。如果我们厘清二者之间的逻辑关系，正本清源，便能轻松赢得论辩。

一语双关，出奇制胜

有这样一个小故事，有个瞎子被无辜地牵涉到一场官司中，开堂审判时，县太爷说："大胆刁民，有人说你偷窥良家妇女洗澡，是不是真的。"瞎子忙对县太爷说："大人，我是一个瞎子。"县太爷一听，立刻厉声责问："混账！我看你好好的一双清白眼，怎么说没有眼睛？"盲人听了县官的话，不慌不忙地予以回敬："我虽然有眼睛，老爷看小人是清白的，小人看老爷是糊涂的。"

县官认为有眼睛的人都不是瞎子，这种说法十分荒谬。而盲人没有直接反驳县官的谬论，而是利用一词多义的双关语指桑骂槐：他说的"清白"表面上指盲人的眼睛是清白眼，而实质上是指自身无罪，是清白的；"糊涂"一语，似乎是指盲人因眼看不清县官，所以显得糊涂，但实质上却是说县官本人说话糊涂，是个昏官。因此说得巧妙,骂得痛快,但又抓不住把柄,让对方哑巴吃黄连,自认倒霉。

我们都知道,一语双关是在一定的语言环境中,利用一个字、一个词或者一句话、一番话的多义性,有意使话语具有双重意义,表面上说的是这个意思,实际上是另一种意思。如果在论辩中,使用一语双关的技巧,则可以帮助辩者化被动为主动,打辩敌一个猝不及防。

谐音双关术

谐音双关术,是用同音(或近音)的条件构成一语双关的论辩艺术。

有个年轻人,能言善辩,一次同媳妇一块儿到老丈人家去串门。可是,他的老丈人是个吝啬鬼,在午餐席上,只摆盘生柿子和几样蔬菜。

年轻人心里很不爽,但嘴里又不好说什么。于是,他伸手拿过生柿子,连皮一块儿吃。

这时,老丈人在屋里看见了,便奇怪地问道:"我的好女婿啊,你这样连皮一起吃,难道不苦吗?"

年轻人一边吃,一边回答说:"苦倒不苦,只有些涩

（啬）。"

老丈人听后，尴尬不已。

苦涩的"涩"与吝啬的"啬"同音，年轻人借此讥讽老丈人的吝啬。他吃柿子连皮一块儿吞，逗引老丈人发问，然后巧妙对其进行讥讽。在词语的选择上，年轻人也煞费苦心，不说柿子苦，而说涩，旨在运用谐音双关。虽然嘴受了点罪，却达到了讥讽以泄不满的目的。

比喻双关术

比喻双关术，是指借用一个喻体，来说明对一件事物的理解和观点，不明着说，却又让人心领神会。

早年，齐齐哈尔打算和盐城结成友好城市，但有人讽刺说："根本就没有这个必要，盐城那个城市太远了。"齐齐哈尔的市委书记没有直接驳斥这些人的言论，而是说道："我们是丹顶鹤的故乡。丹顶鹤是一种候鸟。冬天，丹顶鹤就要南飞，飞到哪儿去呢？飞到盐城，和那里的百姓一起过冬，第二年春又飞回北方。丹顶鹤就这样一年又一年地飞来飞去，早就把我们两地人民的心连在一起了……丹顶鹤那么美好,既是我们的骄傲,也是全国人民的骄傲。我希望我们两地人民经常往来。我们要到盐城感谢当地人民对丹顶鹤的关照,也欢迎盐城的同志来丹顶鹤的故乡游览观光……"

市委书记的一番话,用的是比喻双关术。面对南北两方的差异,关键就是要找到一种能打动对方心灵的东西。市委书记找到的便是丹顶鹤,用这种美丽的鸟,表示了对南北两地的美好感情,又将丹顶鹤春来冬去的候鸟特征巧妙地与南北两地的地理位置联系了起来。

借义双关术

借义双关术,是利用词语的多义性构成的双关。现代汉语的许多词语,都有几重含义,说辩中利用词语的多义性特点,借助其中互不相干的两种含义来一语双关,就是借义双关。

电影《刘三姐》中,刘三姐既勤劳勇敢,又聪明美丽。有一天恶霸莫怀仁梦想逼刘三姐成婚。刘三姐提出要按壮族的规矩对歌结亲,胜了成亲,败了莫再啰唆。莫怀仁只好答应了,并请了陶、李、罗三个秀才前来与她对歌。双方对了许多歌,三个秀才都败下阵来。莫怀仁贼心不死,想用最后一首歌难倒刘三姐。他唱道:"姑忍受你且莫逞能,三百条狗四下分,一少三多要单数,分不清就是莫家人!"刘三姐微笑着唱道:"九十九条打猎去,九十九条看羊来,九十九条守门口,还剩三条狗奴才。"几个人听后,赶紧灰溜溜地走了。

刘三姐的歌词,既把狗分开了,又利用"狗奴才"的多义性特点,一语双关,暗骂这三个秀才是莫怀仁的狗奴才。这里,一语双关提供的另一层语义,把刘三姐的攻击锋芒掩盖起来,使她的智慧情感和人格力量得以升华。

拨乱反正，以正视听

梁赞年轻时想跟咏春拳术高手梁二娣学武，但梁二娣不想收梁赞为徒，还对梁赞说："我的武功学来不易，也不会轻易教给人。况且你学会了武功就会好勇斗狠，好勇斗狠的人就会跟人结怨，跟人结了怨很容易连命都会送了。多一事不如少一事，你还是回佛山跟你爸爸学做生意去吧。"听了梁二娣的话，梁赞反驳说："会不会武功的人都可能会好勇斗狠，跟不跟人结怨有时候是身不由己；命，早晚都会没有；如果各门各派的人都像你一样，中国功夫很快就会没落的！你不肯收我，我不会勉强你；不过我要告诉你，你这种思想是错误的！"梁二娣听后恍然大悟，之后将一身武艺传授给了梁赞。

论辩中，辩敌持有的某个观点谬误往往非常有隐蔽性，表面上看起来似乎合情合理,感觉难以辩驳。这时候,如果我们能跳出感性看问题的思维层面,通过理性的眼光和深入地思考,看到问题的另一面,进而说出一番真知灼见,让人恍然大悟,就能起到拨乱反正的效果。遭遇困难辩题时,懂得沉着应对,善于查漏补缺,反戈一击,便可拨乱反正,以正视听。

近日,一男子在某平台直播间抢了一个129元6斤小龙虾的团购券。但是当男子到店兑换以后,才发现做熟的虾重量只有3.84斤。男子因此质疑店家缺斤短两,与店家产生纠纷,最终报警求助。此事曝光后,有些网友说:"129元某团平台还扣20%也就是平台要扣25块钱,商家到手也就104元左右,活龙虾的成本就10多块钱1斤,商家还得出房租、人工、水电、佐料,按照这些实际情况算下来,如果实打实给到顾客6斤,商家只会亏钱。"对此,一位博主反驳说:"你指出的这些数据,应该是真实的。但是商家因为赚钱不好赚就可以偷奸耍滑、缺斤少两吗?所谓诚信经营,所谓依法经营,如果作为商家觉得生意不好做,那可以想点子,甚至可以选择不做这个生意。但是,无论如何你也不能用卑劣的手段欺骗消费者,坑消费者,这不但是没有良心的行为,也是违法的行为。"后一位网友的评论,得到了无数网友的点赞。

拨乱反正的本意是消除混乱局面,恢复正常秩序。面对混乱局面,我们要想说出拨乱反正的话,就得挖掘事情的本质。有些人觉得这位商家挺冤的,因为129元出6斤小龙虾只会亏钱。博主却一语中的,拨乱反正,他抓住事件的关键点,指出商家无论什么理由也不应该欺骗消费者。他的一席话狠狠揭露了商家作假的荒唐所在,让那些网友反思自己观点的问题。

> 电视剧《庆余年》里,郭保坤查禁热卖奇书《红楼》,大才子贺宗纬也去为他助阵。但是范闲却想阻止他们,所以与他们展开了一场辩论。
> 范闲:"你刚才说这本书是秽俗之书?"
> 郭保坤:"我说了,怎样?"
> 范闲:"你看过吗?"
> 郭保坤:"圣贤之书都读不过来,怎么有空看这种东西啊!"
> 范闲问贺宗纬:"那你看过吗?"
> 贺宗纬:"贺某怕脏了眼睛。"
> 范闲不满地说道:"书都没看过,就先开骂了。"
> 郭保坤:"这书的作者没有名气,能写出什么好东

西来。"

范闲:"你看的是文章还是名气啊?若是不出名,就写不出好作品吗?非学无以广才,非志无以成学,目光如此浅薄,还自称文人,还风骨,连正视他人文字的涵养都没有,书都读到狗肚子里去了!"

郭保坤和贺宗纬被驳得哑口无言。

所谓正,是一种内外结合的全面认识,也是一种主次分明的平衡状态,更是可资可鉴的事实。抓住了"正"的内涵,自然可以直击对方要害,一举拨乱反正。郭保坤和贺宗纬都没看过书就说书不好,这明显只是一种偏见和无知而已。范闲正本清源,揪出对方论述中偏离本体的部分,拨乱反正,让人清醒。

俗话说,拨开云雾见青天。论辩的目的在于去伪存真,让人对事物有正确的认识。因此,拨乱反正在论辩中就显得尤为重要。

抓漏点穴,其义自见

在论辩中,要想提出的论述见地和分析深度高于对方,高屋建瓴,给对方以攻击,那就要善于揭露对方的观点错误,继而抓漏点穴,让对方的观点站不住脚,最终败下阵来。

揭露对方的理解片面

近日,个别大学生因还不起网贷而选择了自杀,也因此,很多人说:"现在的大学生竟然会这么疯狂地接触网贷,还会因为还不起而被逼自杀,真是没用。"但有网友反驳说:"那些把自杀的责任全归咎于大学生的媒体或个人,理解未免过于片面了。现在有些大学生需要借贷是不争的事实,借贷后还不起也是无法避免的事情。但大学生被逼自杀完全是自己导致的吗?女生在外跑步遇害你们谴责该女生不应该夜晚去跑步，不会自我保护，号召女性都学会防狼术。女性在公共场合被猥亵，你们怪该女子不该穿着太暴露太性感。你们从没有想过，要创造一个让人人更安全的环境。当森林里处处都是陷阱之时，我们要怪小动物不该因为贪吃而外出觅食吗？"

有人觉得大学生还不起网贷自杀是"咎由自取"，但这位网友却揭露了对方的理解过于片面，他用各种例证说明，最该为大学生自杀负责的绝对不是大学生自己，而是网贷的乱象，及网贷监管缺失。对辩题的理解深度往往决定了辩论的进攻深度和广度，这位网友就是利用了对概念理解的完整和深入才使自己的反驳极具力度，使对方的观点显得浅薄和无知。

揭露对方的逻辑漏洞

近日，厦门的宋某接到女友杜某消息，称自己被绑架，要3万元赎金。警方经侦查发现，这场"绑架案"竟是该女子为测试男友"爱钱还是爱她"，自导自演的"绑架案"。该女子因谎报案情被处以行政拘留十日，罚款500元。但有的人却说："其实哪个女子不想知道男朋友是不是真的爱自己啊，哪个女子不希望自己的男朋友会拿着钱去救自己啊。"理智的网友则驳斥说："无论是男朋友用赎金解救她，还是通过报警解救她，实际上也只是处理问题的方式不同而已，根本就说明不了什么问题。所有的预设和判断，某种层面上都是一厢情愿。而最大的问题在于，这种测试男朋友的方式，已经影响到男朋友的正常生活与工作，也影响到警察的正常办案和侦查。"

这位理智的网友揭露了"男朋友花钱救女子就是真爱"的逻辑漏洞，以更加深入严谨的分析思路，解读出不管男朋友会不会花钱救女子，都只是一种处理问题的方式而已，根本无法说明男朋友到底是不是真的爱女子，并强调了女子的行为造成了多大的不良影响。这种用己方思路的清晰完整来衬托对方逻辑疏漏的论辩方法，对比鲜明，有很强的实用价值。

揭露对方的定位模糊

有一次，一个年轻人问大师："有什么办法，可以让我的学习成绩突飞猛？"

大师摇了摇头。

年轻人却说："总有什么快速高效的方法吧？"

大师反驳说:"世上没有任何东西是不需要经过时间成长的,即使是时间,也是一秒一秒的,才能成分;一分一分的,才能成时;一时一时的,才能成日。春夏秋冬慢慢走过,才能成年。凡事不循序渐进,哪有成?就如父母生养儿女,必须随着时间慢慢成长;假如婴儿不经过扶养,特效药一吃,就快速成长,结果三十多岁的父母,快速成长了一个五十岁的儿女,这算什么伦理?又如何相处?现在社会人心希望速成,社会的生命就会缩短,人的生命就会畸形。所以,凡事养深积厚,才是成功之道。"

大师直接否定驳了年轻人快速提高的可能性,指出对方的观点出现了问题,也就是定位模糊。论辩中,我们要有清晰的思维,及时发现对方提出的错误概念。而更重要的是,你要学会抓住问题的本质,这样才能在关键问题上与对方辩论。有些论辩对手会有惯性思维,但是论点多有疏漏,定位模糊,我们只要厘清并揭露这个问题,便能进行准确的批驳。

仿拟反驳，有理有趣

无论在生活中还是在论辩赛场上，人们总难免碰到一些强词夺理之人，如果大发一通怒火，大骂一顿无赖，到头来对方还是振振有词，自己倒气得手脚发颤，只会说："岂有此理。"那么，应该怎样进行有效的反驳，才能反击无理取闹者的行为，使得对方觉得理亏、词穷呢？照葫芦画瓢是一个不错的反击技巧。照葫芦画瓢，就是以其人之道还治其人之身，仿拟反驳。

某市发生了一件引发广大网友关注的新闻事件。新闻里说，有一位女子在超市买面条，在称重时，她却发现原本只有0.96千克的面条，却被商家四舍五入地定为1千克。该女子因此很不满，于是拍视频曝光商家。在视频中可以清楚地看到，面对女子的质疑时，商家工作人员的回应是："四舍五入都非常好使，世界都公认的，我不怕你们录像！"这个事件在网上传播后，就有网友认为商家不厚道，卖东西缺斤短两，并反驳商家工作人员说："误差是难免的，但是不能故意缺斤少两。按照他的逻辑，给钱的时候是不是也可以四舍五入？比如我们买了14.9元钱的面条，那我们给10元钱就可以了？"

照葫芦画瓢，就是模仿已有的词句，加以改造，塑造出一个新的词句，即"旧瓶装新酒"，以使语言或讽刺嘲弄、生动活泼，或幽默诙谐、妙趣盎然。当我们想要反驳对方的说辞时，照葫芦画瓢，仿造出内容相反或相对的新句章，造成不协调、不搭配的矛盾，使人有新奇感和生动感，因而说，照葫芦画瓢，不但能反驳别人的观点，还能产生出一定的幽默效果。

晋朝时，有个人叫刘道真，素来嘴不饶人，喜欢嘲笑别人。有一段时间，他遭受战祸，流离失所，无以为生，不得不到一条河边当纤夫。一天，刘道真正在河边拉纤，突然看见一个年老的妇人在一只船上摇橹。于是，刘道真就嘲笑说："女子为什么不在家织布，而跑到河里划船？"那老妇反唇相讥道："大丈夫为什么不跨马挥鞭，而跑到河边替人拉纤？"

赢得人生的实用口才

当别人故意用一些挑衅、侮辱或嘲讽的言语攻击我们时，我们就应该积极应对，巧妙回击。这里，刘道真利用一个传统说法，想羞辱年老的妇人。但这年老的妇人却没有任人欺负，而是运用相同的方法反击刘道真，令其自取其辱。可见，在针锋相对的论辩中，我们可以照葫芦画瓢，借鉴对方的技法，成套搬用对方的逻辑，用对方的道理和方法反击对方，打对方一个猝不及防。

有这样一个故事：在一节课上，李相文读课文时，将"诞生"读成了"延生"。王老师提醒他："这是'诞'字，怎么能读成'延'呢？这又不是形声字！"李相文是个调皮的学生，就故意狡辩说："左边是'言'，右边也是'延'，怎么就不能念'延'呢？"王老师听了之后，笑了："李目文同学啊，你说得真好啊！"李相文一脸惊讶地说："报告老师，我叫李相文。'宰相'的'相'！"这时候，王老师哈哈大笑，说："左边是'木'，右边也是'目'，怎么就不能念'目'呢？"李相文自知理亏，无言以对了。

在这里，李相文其实是滥用拆字法为自己狡辩。而王老师随即从李相文关于"诞"字的推论，用于另一类事物——即其名字中的"相"字，并仿其逻辑进行推导。王老师制胜的关键在于推理方法和李相文相同，也就是照葫芦画瓢。如此以牙还牙，仿拟反驳，最终让李相文无法辩驳了。照葫芦画瓢要抓两个关键点：首先要选择对论敌有实际影响的事物，其次要对论敌所采用的方法和表述形式做逼真的模仿。做到这两点，就能掌握论辩的主动权了。

照葫芦画瓢就是模仿，它的关键处在于把毫不相干的事出人意料地扯在一起，内容越是风马牛不相及越能引起惊讶，"葫芦"与"瓢"越相似就越有说服力，越能反驳论敌的谬论。

归谬反证,克敌制胜

归谬反证法,是一种常用的克敌制胜的辩论武器。它是指不直接对对方的论点、论据及论证方式进行正面驳斥,而是按照对方的逻辑和思路推导出一个明显荒谬的结论,使其论点不攻自破,闭嘴认输。

仿拟式反证

在列车上,一女子因故与其他乘客发生争吵,随后她将热水倒在一小孩身上。车上工作人员上前劝阻,女子依然情绪激动,不肯罢休。工作人员表示,水是烫的,怎么可以倒在小孩子身上呢?但是女子却说:"倒在小孩身上的热水,是在列车上接的,烫也是你们(列车)烫的。"此话一出,引得其他乘客大笑。事件曝光后,有网友在跟评中顺着这种逻辑反驳道:"照你这样说的话,我是不是也可以叫大家都用列车上的水泼你呢?反正是列车上的水,烫着你也跟大家无关。"

论辩中的仿拟,是指根据对方的错误逻辑,模拟、仿造出一个与之相类似的新的错误论题,用对方用过的逻辑推理方法"回敬"对方,"以其人之道,还治其人之身",使之难以置辩,陷入困境,从而取得论辩的胜利。面对女子"水是列车上的"的狡辩,该网友按照她的逻辑方式,巧妙地进行了仿拟,反戈一击。女子的错误观点其实也就不攻而破了。

引申式反证

某大学寝室里,林飞和吕山围绕"用数字代替专名行得通吗"的辩题,开始了一场舌战。

林:数字简洁明了,一目了然,在社会生活中使用,不但整齐划一,而且好认易记,我看应该废除现行烦琐的地名、校名、店名,专有名词都应该改成统一而有序的阿拉伯数字。

吕:老兄数字取代专名这个主意不错,虽然我对汉字情有独钟,但感情归感情,理性告诉我应该赞成你的高见。

　　林：对嘛，你早就应该迷途知返了！

　　吕：是啊，只怪小弟愚钝。试想一下，若干年后，林飞同志的履历表将变成如下形式：姓名：173838；籍贯：第8省第27县第13乡；学历：第3省第99大学第3系毕业；职业：第21省第7市第6局第5科第4副科长……哈哈，多好认好记啊！不知道的人还以为老兄是国家安全局的官员呢！

　　同学们哈哈大笑，林飞无话可说了。

论辩中，针对对方论点的荒谬，按其错误逻辑逐步引申，强调其性质，扩大其范围，加深其程度，引申出一个更加荒谬的结果，从而使对方观点的荒谬性充分地暴露出来，最终无法立足。针对老同学的"奇思妙想"，吕山并没有正面硬刚，而是先随声附和，然后顺着他的逻辑思路，发挥引申，用事实凸显对方主张的荒谬可笑。不辩之辩，胜过千驳万辩。

比照式反证

　　印度电影《宝莱坞生死恋》中有这样一个情节：帕萝在家举办一场盛大的庆典宴会，邀请了好友婵佐穆琪来献舞。婵佐穆琪是一位青楼女子，所以隐瞒了身份。但是后来，帕萝的夫家亲友卡利却认出了婵佐穆琪。于是，卡利指责帕萝："你人品太差了，因为你结交的婵佐穆琪是青楼女子，我对她非常了解。你有辱家门，这个家容不得你。"这时候，婵佐穆琪站起来勇敢反击卡利："按照你的说法，你更应该感到羞耻才对。你非常了解我，是因为你经常去青楼。帕萝只是有我这个朋友，你就说她人品差，那你是我的客人，难道不是人品更差吗？"卡利听此，无言以对。

比照反证，可以让事物的本质在比照中突显出来，可以突出好与坏、善与恶、美与丑的对立，给人极鲜明的形象和极强烈的感受，在比较中分清好坏、辨别是非，起到拨乱反正的效果，正如墨子所说："夫辩者……明同异之处，察明实之理。"卡利说帕萝结交婵佐穆琪就是人品有问题，婵佐穆琪则表示卡利还是自己的客人，那么两相对比，岂不是更糟糕？

在论辩中，归谬反证法不但能一矢中的，增强论辩的说服力，而且能形成强烈的讽刺，使话语风趣幽默，增加论辩的趣味性。

谬上加谬，以谬制谬

某明星年轻时曾参加过一个访谈节目，与一些专家学者就教育问题进行一番舌战。其间，一位嘉宾指着某明星的长头发说："你是个男的，又不是女人，却留这么长的头发，这就太叛逆了。"某明星听了，不满地说道："也许我真的很叛逆吧，但我肯定没有××叛逆。"嘉宾问："怎么说到了××？"明星答道："你不是说男生留长头发就是叛逆吗？那人家××也是长头发，而且他的长头发不但留了那么多年了，还比我长不少呢！"嘉宾听后，无言以对。

在这里，该明星所使用的论辩技巧就是导谬术。导谬术是指从对方的论断中导出一个荒谬的结论来，从而证明对方的论断是不能成立的。该明星从嘉宾的错误论点"留长发的男生就叛逆"，引出荒谬可笑的结论"××更叛逆",从而证明了这种错误的论点是站不住脚的,因而也就把它驳倒了。论辩中,我们也会经常遇到辩敌提出一些荒谬的观点,对此,我们就应该使用导谬术,巧妙引申,借题发挥,谬上加谬,以谬制谬。最终,达到克敌制胜的目的。

鲁迅和梁实秋都是五四时期重要的文学家,但两个人的学术观点却不相一致。两个人经常为了捍卫各自的见解而针锋相对,展开笔战。有一次,梁实秋说:"一切的文明都是极少数天才创造的,好的作品永远是少数人的专利品,而大多数人永远是蠢的,永远是与文学无缘的。"对于这种论调,鲁迅立刻批驳道:"倘若说,作品愈高,知音愈少。那么,推论起来,谁也不知道的东西,就是世界上的绝作了。"梁实秋听后,无言以对。

如果梁实秋这样推论正确的话,那就会推导出更为荒谬的结论。鲁迅正是运用这一方法,导引出更为荒谬的结果,从而巧妙地驳斥了梁实秋提出的命题,使命题的荒谬暴露无遗。可以说,鲁迅在辩词中的讽刺力是极强的,让对方有口难辩。在论辩中,面对辩敌那些冠冕堂皇的诡辩,我们也可以运用这种推理方式,将对方论点的条件部分,给以推衍、扩展、引申,找出一个比较特殊的条件，使这条件与对方的结论相悖谬，从而驳倒对方的观点。

　　导谬术的论证过程是：先是肯定对方的论点，然后导入荒谬，最后反戈一击，驳倒对方。朋友们，学会了这一招，以后再面对辩敌那些荒谬的论点时，我们就可以做到出奇制胜了。

事理揭悖，击退辩敌

揭露对方论点中有悖于现实的部分，是辩论赛反击中最常用的进攻方式。"事理揭悖"就是用时事新闻和理论分析结合反击，一针见血地揭露对方观点与现实相悖，从而击败辩敌。

抽丝剥茧，拨云见日

在一场主题为"该不该过极简主义的生活"的辩论中，有这样一段辩词——

反方说："只有穷人才会极简，有钱人肯定会买买买。"

正方反驳说："您很不理解极简主义，认为只有穷人才会极简，富人根本没有极简的必要。这样说未免过于片面。很多经济条件不佳的小姑娘，总是乐于在淘宝或者批发市场买很多价格低廉的衣服，也不乐意用买两三件廉价衣服的钱，去购买一件质量好可以提升气质的衣服。她们的生活方式并不是极简的。相反，很多生活富足的人们反而因为物品太杂选择太多而烦恼，最终选择了极简的生活方式让自己心身得到解放。所以，无论经济基础如何，我们都可以采纳极简主义的理念提升自己的生活质量，获得更积极的生活方式。"

正方一针见血地指出了反方的理解过于片面，并且用事例证明穷人也不一定会过极简生活，富人也不一定都会买买买。在辩论中，我们不能仅止于流于表面的争论，而应该深入思考。有些辩论对手的理解过于片面，还自以为得意，这时我们就应该抽丝剥茧，抓住问题的关键，最终达到拨云见日的效果。

明知故问，反戈一击

顾小欣是某情感杂志的专栏作家。一次同学聚会，一个朋友笑着对她说："你说你一个大龄剩女，自己都没怎么谈过恋爱，还天天教别人怎么谈恋爱，靠谱吗？"顾小欣淡淡地笑着说："你们都挺喜欢看足球的吧，你们觉得黄老师的足球解说好吗？"朋友笑着说："那当然好了,我最喜欢黄老师了。"顾小欣接着说道:"你们看,如果上场踢球,黄老师可能踢不过国家队里水平最差的替补队员,可做足球解说,他却是顶尖的。由此可见,踢足球需要的是脚法,而解说需要的眼光和语言技巧。我们写情感文章也是如此,谈恋爱需要的是感情的付出,而写情感文章所需要的却是对爱情的深入思考和独到见解。我虽然没怎么谈过恋爱,但每天都在研究各种情感案例,成天脑子里思考的也都是这些问题,因此我写的文章还是挺靠谱的。"朋友听了心悦诚服地笑了。

顾小欣明知朋友们都很喜欢足球,喜欢黄老师的解说,为什么还要明知故问呢?因为从朋友口中说出对黄老师认可的话之后,顾小欣便可由此拿老他的情况和自己进行类比,抛出自己的观点。朋友已经对黄老师表达了认可,又怎么能反驳与之相似的顾小欣呢?你想拿某个案例来类比或者证明自己的观点,不妨先明知故问,让对方对这个案例表达认可和支持,这时你再举出来证明自己的观点,反戈一击,往往事半功倍。

深挖本质,阐明道理

近些年来,各种各样的"天价彩礼"事件屡屡曝光在公众视野。有的家长说："嫁出去的女儿泼出去的水，女儿嫁出去后就是婆家人，自己辛辛苦苦养育这么多年，要通过彩礼赚回来。"有一位网友表示不理解，并反驳说："这种思想本质上把女儿当成了商品，当作敛财的工具，把钱作为衡量女儿价值的唯一标准，看似是拜金主义的体现，实质上，这是重男轻女思想的异化。而且放大私欲，贬低亲情，是一种畸形的为人父母观。这种畸形观念让嫁女充斥庸俗色彩，更是对亲情的践踏，让亲情在金钱面前显得低贱，这种情况下，要的彩礼越多，失去的真情就越多。"

剖开问题的表面，其实是反驳对方，指出对方错误的过程，是让对方明白问题"不是什么"；而深挖本质，将最深层次的东西呈现在大家眼前，大家也就会很自然地看到问题的本质到底"是什么"，辩论对手才会口服心也服。所以，当辩敌会有一些片面或者错误的观点时，如果我们能由表及里，一步步深入挖掘事情的本质和深层原因，就能够击垮辩敌的论点。

"事理揭悖"的手法，优势在于事例贴近现实，加之理论分析高度，对对方观点的反击作用非常明显。希望更多热爱演讲的读者都能够掌握这种方法，让你的反击更具力度。